VOYAGES

AVENTURES ET NAUFRAGE

DE

PIERRE MAULNY

OU

LA DERNIÈRE CAMPAGNE DU PÈRE TROPIQUE

RACONTÉE PAR LUI-MÊME ET PUBLIÉE

PAR JUST GIRARD

TOURS

Ad MAME ET Cie, IMPRIMEURS-LIBRAIRES

BIBLIOTHÈQUE

DES

ÉCOLES CHRÉTIENNES

APPROUVÉE

PAR Mᴳᴿ L'ARCHEVÈQUE DE TOURS

—

2ᵉ SÉRIE

En me réveillant, je me trouvai dans une espèce de bosquet.
Auprès de moi veillaient le matelot et un jeune novice.

VOYAGES

AVENTURES ET NAUFRAGE

DE

PIERRE MAULNY

OU

LA DERNIÈRE CAMPAGNE DU PÈRE TROPIQUE

RACONTÉE PAR LUI-MÊME ET PUBLIÉE

PAR JUST GIRARD

TOURS

Aᴅ MAME ET Cɪᴇ, IMPRIMEURS-LIBRAIRES

M DCCC LXI

1861

LA DERNIÈRE CAMPAGNE

PÈRE TROPIQUE

———∞ː∞ː∞———

INTRODUCTION

Le dimanche 28 juin 1857, notre ancienne connaissance Pierre Maulny, dit le père Tropique,
avait dîné, comme d'habitude, chez M. de Versac, capitaine de frégate, attaché depuis quelques
années au ministère de la marine. On était au
dessert, Joseph de Versac et sa sœur Amélie (1) se
faisaient des signes d'impatience, et de temps en
temps jetaient sur leur père un coup d'œil interrogateur. Enfin, une domestique apporta sur un
plateau et plaça au milieu de la table un joli petit
navire en sucrerie, garni de tous ses agrès et pavoisé comme pour une grande solennité. A cette

(1) Voir le prologue du *Père Tropique* ou *la première campagne
de Pierre Maulny*, 1 vol. in-12; Tours, Aᵈ Mame et Cⁱᵉ.

1

vue, les yeux du vieux marin s'animèrent, et s'adressant à M. de Versac, il s'écria : « Dieu me pardonne! mon commandant, mais on dirait que c'est notre corvette le jour où nous célébrâmes pour la première fois la fête de l'empereur.

— Vous ne vous trompez pas, mon vieux loup de mer, répondit en souriant M. de Versac, et pour preuve lisez le nom écrit sur la bande de poupe; » et en même temps il tourna le plateau de manière à amener l'arrière du bâtiment à portée de la vue du marin.

« Tiens, tiens, c'est vrai : voilà bien écrit *La Capricieuse;* mais en l'honneur de quel saint a-t-elle fait cette brillante toilette?

— Comment, en l'honneur de quel saint? vous ne savez donc pas que c'est demain la Saint-Pierre, votre patron, mon brave Maulny, et que c'est pour vous souhaiter votre fête qu'elle s'est pavoisée comme vous voyez; elle ne pouvait faire moins pour celui à qui, après Dieu, elle doit son salut, et elle vous apporte un bouquet que ma fille va vous présenter et qui, j'en suis sûr, vous fera plaisir. »

Aussitôt Amélie se leva, prit un bouquet placé sur le couronnement de la poupe du petit bâtiment, et s'avança pour l'offrir au vieux marin.

« Attends, petite sœur, dit Joseph en se levant
à son tour, tu oublies qu'avec le bouquet *la Capricieuse* a aussi apporté un compliment qui doit
être lu d'abord, et que c'est à moi à le présenter. »
Alors il détacha du grand mât un papier plié qui
semblait former la grand'voile, le déplia et le
présenta tout ouvert au père Maulny.

« Ah! mon Dieu! s'écria, après y avoir jeté
un coup d'œil, le bonhomme vivement ému, est-ce
possible? Un brevet de chevalier de la Légion
d'honneur à moi! Ah! monsieur Joseph! Ah! mon
commandant!..... N'est-ce pas un rêve que je
fais?

— Mais non, mon bon père Tropique, reprit
gaiement Amélie, non ce n'est pas un rêve, et pour
vous prouver que c'est bien une réalité, voyez la
plus belle fleur de ce bouquet; » et en même temps
elle lui montrait une croix d'honneur qui brillait
au centre du bouquet dont elle paraissait effectivement faire partie. Puis, enlevant d'une main
le précieux insigne avec son ruban, elle l'attacha
à la boutonnière du côté gauche de l'habit de
Maulny, en lui disant du ton le plus sérieux qu'elle
put prendre : « Comme autrefois les nobles da-
moiselles se faisaient un devoir de couronner les
chevaliers qui s'étaient signalés par des actions

d'éclat, de même je me fais un devoir et un plaisir, en ma qualité de fille d'un officier de la Légion d'honneur, de vous décorer, chevalier Maulny, de ce signe éclatant de l'honneur que vous avez si dignement conquis.

— Et moi, dit à son tour M. de Versac en tendant les bras à Maulny, permettez-moi de vous donner l'accolade fraternelle, et de vous recevoir, au nom de l'empereur, comme votre chef hiérarchique dans un ordre où je suis plus ancien que vous, mais où vous auriez dû être entré longtemps avant moi, si l'on eût rendu plus tôt justice à vos services, ou si on les eût connus plus tôt. » Et il embrassa avec effusion le vieux marin.

Celui-ci, pendant cette scène, était resté suffoqué par une profonde émotion, à grand'peine contenue et qui se trahissait par de douces larmes qui coulaient lentement le long de ses joues ridées. Enfin, s'étant un peu remis, il jeta un regard de satisfaction sur la croix d'honneur suspendue à son côté, puis il se mit à lire d'un bout à l'autre et à haute voix le brevet que venait de lui donner le jeune de Versac. Il en accentuait chaque mot, comme s'il eût voulu en mieux pénétrer le sens et le graver dans sa mémoire : «Napoléon, etc., sur le « rapport de notre ministre secrétaire d'État.....

« au département de la marine....., avons décrété
« et décrétons ce qui suit :

« Art. 1er. M. Pierre Maulny....., officier dans la
« marine marchande...., décoré de plusieurs mé-
« dailles de sauvetage, est nommé chevalier de
« notre ordre impérial de la Légion d'honneur!...
« en récompense des services qu'il a rendus..... à
« la corvette de l'État *la Capricieuse*..... qu'il a
« sauvée d'un naufrage imminent.... sur les récifs
« d'une île de la mer Pacifique..... dans le mois
« de septembre 1852.

« Art. 2. M. Maulny prendra rang dans l'ordre....
« à compter du 1er janvier 1853.

« Art. 3. Notre ministre secrétaire d'État au
« département de la marine est chargé de l'exécu-
« tion du présent décret.

« Signé NAPOLÉON. »

Pendant que le vieux Maulny lisait lentement et
en s'arrêtant aux endroits que nous avons marqués
par des points, M. de Versac le regardait en souriant. Quand le bonhomme eut enfin détaché les
yeux de ce précieux papier, et qu'il commença à
le plier avec précaution pour le serrer dans son
portefeuille, M. de Versac lui dit : « Eh bien!
mon vieux camarade, il me semble qu'après avoir

lu ce brevet, ce serait le cas de crier *Vive l'empereur!* d'aussi bon cœur que vous le faisiez le jour que vous me rappeliez tout à l'heure, quand nous fêtâmes pour la première fois la fête de Napoléon.

— Eh! oui, sans doute, vive l'empereur! mais vive aussi mon commandant! car sans vous, bien certainement, le ministre n'aurait pas fait à l'empereur un rapport si favorable sur mon compte, et Sa Majesté ne se serait jamais avisée de me donner la croix; ainsi c'est bien à vous, mon commandant, à vous seul que je la dois, et c'est vous seul qui avez des droits à ma reconnaissance.

— Je ne dis pas, mon vieil ami, que je n'aie pas contribué quelque peu à vous faire rendre justice; mais je ne suis pas le seul. Tout l'état-major et une partie de l'équipage de la corvette ont signé le procès-verbal constatant que, sans votre secours, le navire aurait certainement fait naufrage, et dans des conditions telles que probablement tout eût péri, corps et biens. Ainsi tous ceux qui se trouvaient à bord de *la Capricieuse* vous doivent la vie, et moi, comme commandant de cette corvette, je vous dois encore plus; car il n'est pas de malheur plus affreux pour un officier de marine que la perte du bâtiment qu'il commande; et en admettant que j'eusse survécu à ce désastre, je n'en aurais pas moins été forcé de passer devant un conseil de guerre, et cette triste nécessité, quand même on n'a rien à se reprocher et que l'on obtient un honorable acquittement, a toujours quelque chose de pénible, qui marque d'un sceau fatal toute l'existence d'un marin. Ce n'est donc pas moi seul qui ai travaillé à vous faire obtenir non pas cette faveur, mais bien, je le répète, cet acte de justice; et si j'ai fait un peu plus que les autres dans cette circonstance, j'ai simplement rempli un devoir qui m'était imposé par ma position exceptionnelle de chef.

— Allons, mon commandant, je n'insisterai pas puisque cela vous contrarie; mais pourtant m'est avis que ce que j'ai fait n'a pas grand mérite, et que tout autre en eût fait autant à ma place.

— Oui, à supposer que cet autre eût eu votre courage, votre sang-froid, votre dévouement, et encore avec tout cela la connaissance parfaite des dangereux récifs au milieu desquels nous étions engagés.

— Et ajoutez à cela, mon commandant, ou plutôt avant tout cela, le désir ardent, invincible de quitter cette île de malheur où j'avais tant

souffert depuis deux ans, où j'avais vu s'engloutir
toute ma fortune et où enfin avaient péri sous mes
yeux mes camarades, mes amis, et surtout un
jeune homme que je regardais comme un fils. Un
tel désir, voyez-vous, eût été capable de donner
du courage à un poltron, de l'intelligence à un
idiot et des forces à un impotent.

JOSEPH. — Vous aviez donc fait naufrage dans
une île déserte?

LE PÈRE TROPIQUE. — A peu près.

AMÉLIE. — Et vous y êtes resté deux ans, mon
pauvre père Tropique! et comment avez-vous fait
pour vivre, pour vous loger, pour vous vêtir pendant ce temps-là?

LE PÈRE TROPIQUE. — A peu près comme Robin-
son Crusoé, dont vous avez lu l'histoire, faisait
en pareille circonstance; mais j'avoue que ce rôle-
là ne m'allait pas du tout.

JOSEPH. — Ah! par exemple, il vous est arrivé
des choses aussi extraordinaires, et vous ne nous
en avez jamais parlé! J'aurais pourtant bien mieux
aimé entendre le récit de ces aventures que celui
de tant de légendes fantastiques que vous nous
avez racontées, telles que le *Vaisseau-Fantôme*,
le *Corsaire-Noir*, les *Frères-de-la-Côte*, etc., et
je crois que ma sœur eût été de mon avis.

AMÉLIE. — Bien certainement, et surtout parce
qu'il paraît que c'est dans ces circonstances que
vous avez connu mon père, et que vous l'avez
sauvé d'un grand danger auquel il était exposé
lui et la corvette qu'il commandait.

M. DE VERSAC. — Oui, ma fille, et le moment
est venu de vous faire connaître, comme je l'ai
promis il y a longtemps à vous et à votre frère,
la nature des services que m'a rendus dans cette
occasion notre bon ami Pierre Maulny, parce que
vous êtes maintenant en âge d'en comprendre
l'importance, et de mesurer l'étendue de la reconnaissance que je lui dois et que par conséquent
vous lui devez vous-mêmes; et enfin, parce
qu'ayant eu le bonheur de contribuer à lui faire
obtenir du gouvernement la croix qui brille maintenant sur sa poitrine, je tiens à vous faire voir
qu'il a à juste titre mérité cette récompense. Mais
avant que je vous parle de notre rencontre, dont
je veux vous donner moi-même les détails, parce
que je crains que la modestie de notre ami n'en
supprime une partie, il est essentiel qu'il vous
raconte son dernier voyage dans les mers du Sud,
son naufrage et son séjour dans une île ou plutôt
un îlot qui ne figurait jusqu'ici sur aucune carte
de l'Océanie.

AMÉLIE, *en frappant dans ses mains.*—Oh! merci, mon petit papa. Il y a bien longtemps que nous désirions savoir comment vous aviez fait la connaissance du père Tropique. Allons, mon chevalier, puisque papa vous y engage et que nous vous en prions, mon frère et moi, racontez-nous votre dernier voyage et votre naufrage.

PIERRE MAULNY. — Je n'ai rien à refuser à mon commandant, ni à vous, Mademoiselle, ni à M. Joseph, et je suis prêt à commencer. Seulement je vous préviens que mon récit ne sera peut-être pas aussi amusant que les histoires du *gaillard d'avant* que M. Joseph qualifie de légendes fantastiques, et qui pourtant font les délices des matelots, et que vous-mêmes vous paraissiez souvent écouter avec plaisir.

JOSEPH. — Sans doute, nous les écoutions avec plaisir; cela nous amusait même beaucoup, toutefois comme des contes et des aventures imaginaires peuvent amuser; mais une histoire vraie, surtout où des personnages qui nous touchent de près jouent un rôle, fût-elle plus sérieuse, nous intéressera toujours plus que les histoires les plus merveilleuses créées par l'imagination.

AMÉLIE. — Cela est si vrai, ce que vous dit mon frère, que je n'ai jamais oublié le récit de votre

Première Campagne, ni les noms des principaux personnages qui y figurent, tels que M. Berton, votre armateur, M. et Mme de Noirval et leur fils M. Denis, à qui vous avez sauvé la vie en le retirant de la mer où il était tombé (1); et cependant il y a bien longtemps que vous nous avez raconté tout cela.

PIERRE MAULNY. — Je vois, Mademoiselle, que vous avez bonne mémoire, et je désire que vous conserviez le souvenir de ma *dernière campagne* comme vous avez conservé celui de la première.

M. DE VERSAC. — Mes enfants, il fait une trop belle soirée pour rester enfermés dans ce salon. Amélie, fais-nous servir le café dans le jardin; nous serons mieux Maulny et moi pour fumer, tout en causant et en racontant nos histoires.

Amélie s'empressa d'obéir. Bientôt ils furent réunis tous quatre autour d'une table sur laquelle on servit du café, du thé et différentes liqueurs. Le vieux marin, après avoir savouré sa demi-tasse, bourra sa pipe, et commença ainsi.

(1) Voir *le Père Tropique* ou *la première campagne de Pierre Maulny, ancien marin,* par Just Girard; in-12, Tours, A^d MAME et Cie, imprimeurs-libraires.

CHAPITRE I

Mon voyage à la Havane. — La fièvre jaune. — L'heureuse
rencontre.

Il faut, mes bons amis, que j'entre dans quelques détails préliminaires avant de vous parler du terrible événement qui a terminé ma carrière maritime, et m'a forcé d'accepter ma retraite que m'a si généreusement offerte mon commandant, votre respectable père, ici présent. En disant ces mots, Pierre Maulny fit un salut à M. de Versac, qui le lui rendit en souriant; puis il avala un verre de grog, et continua en ces termes :

Vous vous rappelez qu'à mon premier voyage j'aurais pu me fixer à Bourbon, où M. et Mme de Noirval voulaient me retenir et m'admettre dans leur famille comme un de leurs enfants, par reconnaissance du service que j'avais rendu à M. Denis, leur fils. Mais je ne voulus pas accepter des offres qui m'eussent forcé de renoncer à mon goût pour la vie aventureuse de marin. Je revins donc en France avec M. Berton, et peu de temps après je m'embarquai sur un bâtiment qui allait en

Amérique. Je fis successivement plusieurs voyages de long cours, soit dans l'Amérique du Nord, soit au Brésil, à Buenos-Ayres, au Chili, et même aux Indes orientales et jusque dans les mers de Chine. Les navires que je montais appartenaient à différents armateurs; mais mon ancien patron, M. Berton, y était presque toujours intéressé, et quand il ne l'était pas, il ne manquait jamais de me recommander aux capitaines et aux armateurs, qu'il connaissait tous.

Je menai pendant dix à douze ans cette vie errante, semée de fatigues et de repos, de beaux et de mauvais jours, d'aventures de toute espèce, vie pleine de charmes pour le véritable marin qui ne saurait supporter l'existence monotone des citadins. Malheureusement, trop insouciant de mon avenir, je ne sus pas mettre à profit ces belles années de ma jeunesse, soit pour travailler à mon instruction nautique, pour laquelle j'avais montré de si heureuses dispositions pendant ma première campagne, soit pour faire quelques économies sur le produit de mes engagements. A peine étais-je débarqué, qu'au lieu d'employer mes loisirs à l'étude, je me laissais entraîner par l'exemple de mes camarades, et je dépensais en folles orgies l'argent que j'avais péniblement gagné pendant

six mois ou un an. Du reste, ma conduite à bord
était toujours régulière, et si les connaissances
théoriques me manquaient, j'avais acquis une
expérience pratique qui n'avait pas tardé à m'at-
tirer la bienveillance et la confiance de mes chefs.
Depuis plusieurs années, j'étais toujours engagé
avec le titre de contre-maître, et même deux fois
je fus choisi comme second du capitaine, ce qui
me donnait le rang d'officier marchand.

Pendant ces douze années, ma santé n'avait
jamais été altérée, et je n'avais éprouvé aucun
accident grave. Toutes les expéditions auxquelles
j'avais pris part s'étaient heureusement accom-
plies, sauf quelques petits mécomptes qui ne valent
pas la peine d'être cités. Mais à l'époque dont je
veux vous parler, un événement grave vint mar-
quer une espèce de temps d'arrêt dans ma vie, et
me força de changer la direction de la route que
j'avais suivie jusque-là.

C'était en 1829. Nous étions arrivés à la Havane avec un chargement de vins de Bordeaux,
et nous devions prendre en retour du tabac, des
cigares, du café et du coton. Après un mois de
relâche, l'opération du débarquement et de l'embarquement étant terminée, nous étions sur le
point de mettre à la voile pour revenir en France,

quand je fus tout à coup attaqué par le terrible *vomito negro* ou fièvre jaune, maladie endémique dans ces parages. Le capitaine, craignant de voir d'autres personnes de l'équipage atteintes de la même maladie, s'empressa de lever l'ancre, en m'abandonnant à mon triste sort sur cette terre étrangère.

AMÉLIE. — Oh! le vilain homme! et pourquoi ne vous emmenait-il pas avec lui? est-ce qu'il n'aurait pas pu vous faire soigner à bord? Vous avez dû bien lui en vouloir.

PIERRE MAULNY. — Non, Mademoiselle, je ne lui en ai pas voulu, car la prudence exigeait qu'il agît ainsi. La fièvre jaune est contagieuse (1), et en m'admettant à bord, il s'exposait à faire contracter cette maladie à tout le reste de l'équipage. Ce fut pour moi un moment bien cruel que cette séparation; mais je connaissais toute l'étendue de

(1) Pierre Maulny tranche ici une question qui est encore un objet de controverse parmi les médecins; seulement ceux des docteurs qui soutiennent que la fièvre jaune n'est pas *contagieuse*, reconnaissent qu'elle se transmet par *infection*, c'est-à-dire que des hommes bien portants, en rapport avec les malades, sont atteints de la fièvre jaune en plus ou moins grand nombre, quand ils se trouvent dans des lieux infectés par cette maladie. On pardonnera à un marin, complétement étranger à la science médicale, de suivre l'opinion vulgaire, qui regarde cette maladie comme contagieuse.

la responsabilité qui pesait sur le capitaine, et quand il vint, les larmes aux yeux, me faire ses adieux, je ne pus m'empêcher de lui dire qu'il faisait son devoir, et que dans sa position j'agirais comme lui. — « Je vous remercie, me répondit-il, mon cher Pierre, de me parler ainsi; vous m'ôtez un grand poids de dessus la conscience; mais j'espère que votre position n'est pas désespérée, et je vous ai recommandé aux soins d'un des plus habiles médecins de la Havane. » — En même temps il me remit une lettre de crédit sur un négociant de la ville, correspondant de nos armateurs du Havre.

Ma maladie fut longue et dangereuse et ma convalescence bien plus longue encore. Je ne pouvais reprendre mes forces, et pour comble de malheur, avant que je fusse rétabli, mon crédit sur le correspondant de nos armateurs se trouva épuisé. Il m'aurait fallu une nourriture convenable et des soins hygiéniques que je ne pouvais me procurer, faute d'argent; et après avoir échappé à la maladie qui avait fait tant de victimes autour de moi, je me voyais prêt à mourir de faim et de misère.

Dès que j'avais pu sortir, je me rendais ou plutôt je me traînais chaque jour sur le port pour

voir si je n'apercevrais pas quelques navires français qui eussent pu me donner des nouvelles de
la patrie; mais le fléau cette année avait exercé
de si cruels ravages dans l'île de Cuba, que les
relations commerciales avec l'Europe avaient été
presque entièrement interrompues. On ne voyait
que des navires caboteurs des Antilles, de Vera-
Cruz ou de la Nouvelle-Orléans, et quelques rares
bâtiments espagnols, chargés de la correspon-
dance entre la colonie et la métropole.

Un jour que je revenais de faire une de ces
promenades habituelles, sans avoir découvert aucun navire français, je marchais plus triste qu'à
l'ordinaire, en pensant à ma malheureuse situation. Oh! combien je regrettais alors les folles
dépenses que j'avais faites autrefois dans nos relâches ou à mon retour au port d'embarquement!
De quel secours ne me seraient pas aujourd'hui
quelques parcelles de cet or que je prodiguais
alors à des futilités ou à des divertissements in-
sensés! Combien de fois ne m'était-il pas arrivé
de jeter littéralement l'argent par les fenêtres,
pour le ridicule plaisir de voir des gamins, et
même des hommes et des femmes se disputer et se
battre pour le ramasser! Et maintenant je man-
quais de tout; mes vêtements tombaient en lam-

1*

beaux, mon linge et mes chaussures étaient usés ;
j'avais l'air d'un mendiant, ou plutôt d'un spectre
ambulant, avec mes yeux enfoncés dans leur or-
bite, ma maigreur de squelette et ma peau jaune
et cadavérique. Afin de subvenir à tant de besoins,
de satisfaire le plus impérieux de tous, la faim
qui me tourmentait sans relâche depuis que j'étais
en pleine convalescence, il me restait pour toute
fortune deux réaux et quelques maravédis, c'est-
à-dire environ trente et quelques sous de notre
monnaie ; et encore fallait-il là-dessus payer mon
gîte pour la nuit !

Plongé dans ces amères réflexions, je continuais
à marcher sans direction fixe, sans savoir où je
portais mes pas, cherchant, sans pouvoir le trouver, un moyen de sortir du gouffre de misère où
j'étais plongé. Il y avait de quoi se laisser aller
au désespoir, et j'avoue qu'un instant la pensée
de finir mes maux par une mort volontaire tra-
versa mon esprit ; oui, elle ne fit que le traverser
sans s'y arrêter, car je la repoussai aussitôt comme
une tentation du démon. Au même instant j'entendis un joyeux carillon qui me fit sortir de ma
rêverie. Je jetai les yeux autour de moi ; je me
trouvais dans un quartier que je ne connaissais
pas, et en face d'une église dont les cloches son-

naient à toute volée, annonçant sans doute quelque
fête solennelle. Je me rappelai alors que ce jour-
là était le 29 juin (même jour qu'aujourd'hui
par parenthèse), et que c'était la Saint-Pierre,
mon patron, et l'anniversaire de ma naissance,
car je suis né le 29 juin, et c'est pour cela que j'ai
reçu le nom de Pierre. J'entrai dans l'église.
Il y avait bien longtemps que je n'avais mis
le pied dans la maison du Seigneur; il y avait
bien longtemps que je négligeais de remplir
mes devoirs de religion. Ce n'était pas que l'indifférence ou l'incrédulité eussent remplacé dans
mon cœur les principes religieux dans lesquels
j'avais été élevé : il est rare que l'incrédulité
ou même l'indifférence en matière de religion,
si commune de nos jours parmi les *terriens* (1),
se rencontre chez les marins. Le spectacle continuel et varié des merveilles de l'Océan leur parle
sans cesse des grandeurs de Dieu; les dangers
auxquels ils sont chaque jour exposés leur montrent la fragilité de leur vie, leur faiblesse et leur
impuissance à lutter contre ces dangers, leur font
reconnaître avec la dernière évidence l'existence

(1) Les marins donnent généralement le nom de *terriens* aux
habitants de l'intérieur des terres, et aussi à ceux qui, vivant
dans le voisinage de la mer, n'ont jamais navigué.

d'un être supérieur, d'un être tout-puissant, seul capable de les défendre, de les soutenir et de les protéger au milieu des périls qui les environnent. Mais si les sentiments religieux ne sont jamais entièrement étouffés dans le cœur du marin, ils sont souvent émoussés et affaiblis par le mauvais exemple et par l'entraînement des passions. C'est ce qui m'était arrivé à moi-même depuis bien des années. Toutes les campagnes que j'avais faites jusqu'alors avaient été généralement heureuses; on est plus porté à oublier Dieu dans la prospérité que dans l'adversité; et quand j'étais à terre, au lieu d'aller le remercier de la protection qu'il m'avait accordée, je passais mon temps, comme je vous l'ai dit, en amusements frivoles, et même, je l'avoue, quelquefois en ignobles orgies.

A peine fus-je resté quelques minutes dans l'église, que les idées si longtemps assoupies dans mon âme se réveillèrent tout à coup et en quelque sorte à mon insu. En un instant ma situation m'apparut sous un tout autre point de vue que je la voyais un moment auparavant. Je l'envisageais maintenant comme une juste punition de mes fautes passées, et, loin de me plaindre ou de me désespérer, je me sentais disposé à m'humi-

lier sous la main qui me frappait, et à remercier
Dieu de m'avoir envoyé cette disgrâce pour m'ouvrir les yeux et me rappeler dans la voie d'où je
m'étais depuis si longtemps écarté.

Pénétré de ces sentiments et animé de ces nouvelles dispositions, je tombai à genoux et je priai
Dieu avec ferveur; j'invoquai mon saint patron,
qui lui aussi avait péché et renié son divin maître,
et je le conjurai d'intercéder pour moi afin de
m'obtenir la grâce de faire comme lui pénitence.

— Quand j'eus fini de prier, je me relevai, et
j'aperçus à quelques pas de moi un vénérable
ecclésiastique qui paraissait me considérer avec
intérêt. Cette remarque m'enhardit, et je m'approchai de lui en lui demandant en espagnol s'il
voulait bien m'entendre en confession.

— Volontiers, me répondit-il en français, mais
à condition que vous parlerez français, ce qui,
ajouta-t-il en souriant, vous sera plus facile que
de vous exprimer en espagnol.

— Vous me connaissez donc, mon père, lui
dis-je d'un air étonné?

— Je sais que vous êtes un matelot français,
qu'un bâtiment du Havre a laissé ici malade de
la fièvre jaune. Ce n'est pas la première fois que
je vous vois; pendant que vous étiez en danger,

le médecin qui vous soignait me prévint que vous
étiez à toute extrémité, et m'engagea à vous aller
voir pour vous administrer les derniers sacre-
ments. Je m'empressai de me rendre à son invi-
tation; mais je vous trouvai dans un état dés-
espéré. Vous étiez sans connaissance, et ce fut
en vain que j'essayai de vous parler, il me fut
impossible d'obtenir de vous un seul mot. Je
vous donnai alors l'absolution, sous condition et je
vous administrai l'extrême - onction. Le médecin,
que je rencontrai en vous quittant, me dit que
vous ne passeriez pas la nuit. Sur cette assurance, je ne revins pas vous voir le lendemain;
d'ailleurs cela m'eût été bien difficile, car c'était
le moment où le fléau sévissait avec le plus de
fureur, et du matin au soir j'étais occupé à con-
fesser les malades de cette paroisse et à enterrer
les morts. Le médecin lui-même qui vous avait
donné des soins fut atteint de l'épidémie, et il y
a succombé ces jours derniers. Dès lors je n'avais
plus entendu parler de vous et je vous croyais
mort depuis longtemps, lorsque je vous ai reconnu tout à l'heure, quand vous étiez agenouillé
devant la chapelle de Saint-Pierre, et, si vous
ne m'eussiez pas abordé le premier, j'allais moi-
même vous adresser la parole pour savoir par

quel miracle je vous voyais en quelque sorte ressuscité.

— Ma foi, mon père, je serais fort embarrassé
pour vous répondre, car je n'ai pas conservé le
moindre souvenir de ce qui s'est passé à l'époque
dont vous parlez. Tout ce que je me rappelle,
c'est qu'un jour je me suis réveillé n'éprouvant
plus de douleur, mais dans un tel état de faiblesse, que je ne pouvais remuer ni bras ni
jambes. A compter de ce moment les forces me
sont revenues, mais bien lentement, et aujour-
d'hui je suis encore si faible que je ne serais pas
capable de manœuvrer le gouvernail d'un canot. »

Après ces explications je lui racontai en détail
ma position actuelle, puis il entendit ma confession. En sortant de l'église, il m'emmena chez
lui, me fit prendre quelque nourriture fortifiante
qu'il arrosa d'un verre ou deux de malaga. Comme
je le remerciais avec effusion de ses bontés, il me
dit : « Je voudrais faire davantage pour vous,
si cela m'était possible; car vous m'inspirez un
vif intérêt comme chrétien catholique et comme
compatriote.

— Ah! je m'en doutais, m'écriai-je, que vous
étiez Français; car jamais un Espagnol, ni surtout
un Havanais, ne pourrait parler notre langue avec

autant de pureté. Dans quelle partie de la France êtes-vous né?

—· Je ne suis pas né en France, mon ami, me répondit-il; je suis né à Saint-Domingue de parents français, établis dans cette île quand elle était colonie française. La révolution força ma famille de se réfugier à Cuba, et mon père se fixa à la Havane, où il essaya de rétablir sa fortune détruite par l'insurrection des noirs. J'avais douze ans quand nous arrivâmes dans ce pays; beaucoup d'autres colons français s'y étaient retirés à la même époque et formaient une petite colonie française au milieu de laquelle j'ai été élevé, ce qui vous explique comment j'ai conservé l'habitude de parler ma langue maternelle, quoique je n'aie jamais quitté cette île. J'ajouterai que j'ai conservé également le cœur et les sentiments français, et que je regarde comme des frères et des compatriotes tous les enfants de la mère patrie que j'ai le bonheur de rencontrer. Aussi vous pouvez à ce titre compter que je ferai tout ce qui dépendra de moi pour vous aider à sortir de la déplorable situation où vous vous trouvez. Par moi-même je puis peu de chose; mais je veux vous présenter à mon frère aîné, qui a succédé à mon père dans une belle plan-

tation que celui-ci avait fondée, et qui maintenant
est un des plus riches propriétaires de Cuba. Ses
relations avec un grand nombre de capitaines de
navires américains et européens lui donneront la
facilité de vous recommander à quelques-uns
d'entre eux qui pourront vous prendre en qualité
de marin; mais il faut pour cela que vous soyez
complétement rétabli, car dans l'état où vous
êtes vous ne pourriez rendre aucun service à
bord; je doute même qu'un capitaine veuille vous
admettre dans son équipage, dans la crainte que
vous ne communiquiez la maladie à ses hommes.
Maintenant voici ce qu'il faut faire. Mon frère
doit arriver ici ce soir; venez demain matin à
huit heures me trouver, et je vous ferai faire sa
connaissance. J'espère que tout s'arrangera pour
le mieux; cependant priez Dieu, car c'est toujours de lui que dépend le succès de nos entreprises. »

Là-dessus nous nous séparâmes. Je n'ai pas
besoin de vous dire que je suivis exactement les
recommandations du digne ecclésiastique, et que
j'adressai à Dieu et à mon saint patron les prières
les plus ferventes. Je ne manquai pas non plus
l'heure du rendez-vous, et à huit heures pré-
cises je frappais à la porte du vicaire de Saint-

Pierre (car tel était le titre de ce charitable prêtre).
Je le trouvai en conférence avec son frère. Celui-ci m'accueillit avec une bienveillance égale
à celle que m'avait montrée son frère l'abbé, et
me promit de me procurer le plus tôt possible le
moyen de reprendre la mer. Bref, le soir même
il m'emmena avec lui à sa résidence, charmante
campagne située à quatre lieues environ de la
Havane. Il me chargea d'une besogne insignifiante
et peu pénible, afin de ne pas avoir l'air de me
donner *gratis* l'hospitalité, ni les vêtements neufs
qu'il me fit échanger contre mes haillons. En peu
de jours, grâce à la vie régulière que je menais,
à la bonne nourriture que l'on me donnait, au
bon air que je respirais, j'avais changé à vue
d'œil. Mes forces revinrent rapidement, et alors
je rappelai à M. Bourlon (c'était le nom de mon
nouveau protecteur) la promesse qu'il m'avait
faite relativement à mon prochain embarquement.
Vous n'êtes pas encore assez fort, me répondit-il;
d'ailleurs il n'y a pas de navires de ma connaissance d'arrivés. »

Il fallut me contenter de cette réponse, et je
restai encore plus d'un mois à l'habitation. Enfin,
un jour il m'annonça qu'un de ses amis de la
Nouvelle-Orléans, capitaine d'un bâtiment améri-

cain, était en chargement à la Havane et allait
bientôt faire route pour New-York; qu'il lui avait
parlé de moi, et qu'il était disposé à me recevoir
à son bord comme matelot de première classe.
« J'aurais préféré, ajouta-t-il, vous placer sur un
bâtiment français du Havre ou de Bordeaux, mais
on n'en attend guère de ces deux ports que dans
deux mois au plus tôt. D'ailleurs vous trouverez plus facilement à New-York des navires français qui pourront vous rapatrier. » J'acceptai avec
empressement cet arrangement. Dès le lendemain
nous nous rendîmes à la Havane, où M. Bourlon
me présenta à son ami le capitaine du beau navire
le *Mississipi*. Je fus aussitôt agréé, car cet officier, fils lui-même d'un ancien colon de Saint-
Domingue, avait conservé une vive sympathie
pour la France et pour les Français. Son équipage
était composé en grande partie de matelots de la
Louisiane, de quelques Canadiens et de Yankees
du nord; de sorte que l'on ne parlait presque
que français à son bord. Deux jours après mon
arrivée à la Havane, nous mîmes à la voile; je
n'ai pas besoin de vous dire qu'avant mon départ,
j'avais fait mes adieux et adressé de vifs remer-
cîments à MM. Bourlon, le planteur et l'abbé.
elui-ci me donna, quand nous nous séparâmes,

de sages conseils que je n'ai jamais oubliés, et qui
m'ont toujours servi de guide dans le reste de ma
carrière maritime.

Quand nous arrivâmes à New-York, je trouvai bien quelques bâtiments en partance pour la
France ; mais le capitaine du *Mississipi* me pressa
vivement de contracter avec lui un engagement
pour la campagne suivante, m'assurant qu'il devait
la terminer par un voyage au Havre, et qu'ainsi
il me ramènerait lui-même à mon port d'embarquement.

J'acceptai d'autant plus volontiers, que le capitaine me plaisait beaucoup et qu'il me montrait
un véritable intérêt. D'un autre côté, je n'étais
pas fâché de m'instruire dans les usages nautiques
des Américains, qui sont d'excellents navigateurs,
et surtout de ne pas revenir au Havre dans un dé-
nûment complet, ce qui aurait eu lieu si j'avais
voulu rapatrier immédiatement. Mais en restant
un an à dix-huit mois à bord du *Mississipi*, où
je recevais une bonne solde, je me présenterais
à mes anciens patrons, non comme un mendiant
qui sollicite un engagement quelconque pour ne
pas mourir de faim, mais comme un marin rangé,
qui a su faire des économies suffisantes pour attendre un emploi convenable, en rapport avec sa

capacité et· sa conduite. C'était là le fruit des conseils de l'abbé Bourlon; je ne fis plus désormais de folles dépenses dans mes relâches; le capitaine du *Mississipi* exécuta ponctuellement ses promesses, et quand il,me débarqua au Havre, il me remit une somme assez ronde pour solde de mes appointements, en y ajoutant une gratification.

CHAPITRE II

Retour au Havre. — La maison Berton père et fils, Laparède et Cⁱᵉ. — Proposition de M. Berton. — J'ai l'espoir de devenir capitaine baleinier. — Détails sur la baleine et sur la manière de pêcher ce cétacé.

Autrefois, lorsque à la suite d'une longue navigation j'arrivais au Havre, la première chose que je faisais, aussitôt après avoir touché mon décompte, était de me réunir à quelques-uns de mes camarades, et d'aller dans différents cabarets dépenser l'argent que je venais de toucher. Souvent M. Berton m'avait adressé des remontrances à ce sujet, me faisant observer que je nuisais à mon avancement, et que je compromettais mon avenir, au lieu des belles espérances qu'il avait attendues de moi à l'époque de mes premiers voyages. J'avais un respect filial pour M. Berton; je sentais la justesse de ses observations; je baissais la tête et je promettais de me corriger; mais l'entraînement de mes camarades, les mauvaises habitudes qu'il est si facile de contracter et dont il est si difficile de se défaire, me faisaient bientôt oublier mes résolutions, et je recommençais de plus belle, jusqu'à ce que ma bourse fût épuisée. Alors je songeais à contracter un nouvel engagement; je me faisais même donner des avances que je dissipais encore avant mon embarquement, ce qui souvent ne m'empêchait pas de laisser des dettes à mon départ.

Cette fois ma conduite fut toute différente. J'avais encore présente à l'esprit la déplorable situation où je m'étais trouvé à la Havane, et les conseils de l'abbé Bourlon étaient restés gravés dans mon cœur. Depuis que je l'avais quitté, je n'avais cessé de remplir mes devoirs religieux, autant que me le permettaient les exigences de ma profession, et je ressentais dans ma conscience un calme et un bonheur que ne m'avaient jamais procurés les grossiers plaisirs dont je m'enivrais autrefois. Aussi à peine eus-je débarqué du *Mississipi,* que je me rendis à l'église Notre-Dame pour re-

mercier Dieu des grâces qu'il m'avait faites, et
implorer de nouveau sa protection, lui promettant avec ferveur de rester désormais fidèle à sa
loi.

Après avoir accompli ce devoir, je m'empressai
d'aller en remplir un autre qui me tenait également à cœur; c'était de payer quelques petites
dettes que j'avais contractées avant mon départ
pour la Havane. Mes créanciers ne comptaient
plus depuis longtemps sur le remboursement de
ce que je leur devais; on avait fait courir le bruit
de ma mort, et comme depuis plus de trois ans
on n'avait pas entendu parler de moi, ce bruit
avait pris la consistance d'un fait bien réel. Le
premier chez qui j'entrai était un fameux caba-
retier, qui avait pour enseigne *Au bon Mouillage,*
avec un tableau représentant un navire à l'ancre,
au milieu d'une baie dont l'eau était unie comme
une glace. Le maître de l'établissement, en m'a-
percevant, laissa tomber une cuiller à pot qu'il
tenait à la main, et s'écria : « Eh ! mon Dieu ! mon
pauvre Tropique, est-ce bien toi que je revois? Tu
es donc ressuscité ?

— Comme vous voyez, père Cabillot, lui répondis-je, et j'arrive tout exprès de l'autre monde
pour vous solder mon compte d'arriéré; je ne

voulais pas filer définitivement mon nœud pour
ce pays lointain avant de m'être acquitté envers les
anciens amis. Allons, montrez-moi votre livre de
bord, que je vous paie tout de suite, car je suis
pressé.

— Comment, tu es pressé de retourner dans
l'autre monde? Mais moi, je m'y oppose, et je
veux té garder le plus longtemps possible dans
celui-ci.

— Je vous dis, père Cabillot, que je ne puis
pas attendre une minute, et si vous ne voulez
pas régler mon compte immédiatement, comme
je connais à peu près le montant de ma dette,
je vais vous remettre la somme, et tant pis pour
vous si elle est au-dessous de ce que je vous dois
réellement, car une fois parti, vous ne me re-
verrez plus.

— Ah çà! comme vous voilà devenu grave et
sérieux, mon cher Tropique; on dirait vraiment
que vous ne reconnaissez plus les amis. Tenez,
puisque vous l'exigez, voici votre compte; mais
j'espère bien que vous en recommencerez un autre,
ou je croirai que vous êtes fâché contre moi. Vous
savez pourtant que vous êtes toujours bien reçu
Au bon Mouillage, et que je n'ai jamais refusé de
vous faire crédit, ni à vous ni à vos camarades. »

Non, sans doute, il ne nous avait jamais refusé de crédit; mais c'était après que l'on avait fait de fortes dépenses au comptant; et comme nous ne vérifiions jamais ses comptes, il les enflait d'une manière tellement exagérée, que quand même il n'eût pas été payé entièrement des avances qu'il nous faisait, il s'arrangeait de manière à n'être jamais en perte, en se faisant donner soit des à-compte, soit des effets, des montres, ou même des délégations à toucher sur l'armateur au retour du bâtiment.

Quand j'eus soldé le père Cabillot, j'allai dans cinq ou six autres endroits, où la même scène se renouvela avec quelques variations. Partout on me fit des offres de crédit dès que l'on s'aperçut que j'avais la bourse bien garnie; partout on m'invita à boire, à manger; quelques-uns de mes anciens compagnons, que je rencontrai, voulurent m'entraîner dans des parties de plaisir; je refusai toujours avec fermeté. Je résistai non-seulement aux invitations pressantes et amicales qui me furent faites, mais même aux railleries et aux quolibets qui me furent adressés. Enfin je sortis de ces épreuves à mon honneur, et j'éprouvai une douce satisfaction de m'être débarrassé de ces dettes honteuses et de n'avoir pas suc-

combé à des tentations qui me trouvaient autrefois si faible. Je me sentais grandir dans ma propre
estime, et, une fois réhabilité envers moi-même,
je songeai à me présenter chez M. Berton.

Lui aussi m'avait cru mort, et il m'accueillit
comme un père accueille un fils qu'il n'espérait
plus revoir. Je lui racontai dans le plus grand
détail tout ce qui m'était arrivé depuis la dernière
fois que je l'avais vu, sans omettre mes relations
avec l'abbé Bourlon, les résolutions que j'avais
prises, et auxquelles je n'avais pas manqué une
seule fois depuis trois ans. Quand j'eus terminé
mon récit, il m'embrassa de nouveau et me dit,
en me serrant cordialement la main : « Bien,
mon cher Pierre, très-bien. Vous voilà enfin
comme je le désirais; j'espère que votre conversion est sincère et que vous ne vous exposerez
pas à de nouvelles rechutes. Si même je vous avais
vu aujourd'hui, avant que vous soyez allé dans
certaines maisons solder les dettes que vous y
aviez laissées, je vous aurais dit : N'y allez pas,
mon cher Maulny; chargez quelqu'un de cette
commission, et ne vous exposez pas à des tentations auxquelles vous ne pourriez peut-être pas
résister. Mais enfin, puisque vous l'avez fait, et
que vous vous en êtes tiré à votre honneur, tout

est pour le mieux. Seulement, si vous voulez m'en croire, ne remettez jamais le pied, sous aucun prétexte, dans ces sortes de maisons. Assez sur ce sujet; maintenant il faut songer à votre avenir. En attendant que je vous aie trouvé un emploi convenable, vous prendrez votre logement chez moi, et vous y serez traité comme un membre de la famille. Cela vous va-t-il? Vous savez que c'est franchement et de tout cœur que je vous l'offre. »

Je ne pouvais refuser une hospitalité si cordialement offerte, et après quelques difficultés faites pour la forme, j'acceptai.

La maison de M. Berton avait pris une extension considérable. Autrefois, quand j'avais fait la connaissance de M. Berton, il n'était propriétaire que d'un seul bâtiment, qu'il montait quelquefois lui-même en qualité de capitaine. Mais depuis longtemps il avait cessé de naviguer, tout en continuant avec activité de faire construire et d'équiper des navires qu'il louait à des commerçants. Il avait marié sa fille aînée à un excellent constructeur nommé Laparède, et il l'avait associé à ses affaires; sa seconde fille avait épousé un riche commerçant, qui avait aussi un intérêt dans la maison de son beau-père; enfin le troisième

enfant de M. Berton était un fils, que j'avais
connu tout petit et qui, à l'époque dont je parle,
était un jeune homme de vingt ans à peine. Son
père l'avait fait élever de bonne heure dans une
école de marine; puis il lui avait fait faire plusieurs voyages; et dès qu'il aurait eu terminé le
temps de navigation prescrit par les règlements(1),
il devait le faire recevoir capitaine au long cours.
En attendant, il l'avait aussi associé à ses affaires;
de sorte que la maison Berton avait pour raison
de commerce *Berton père et fils, Laparède et C*ie.
Cette maison possédait alors six bâtiments à la mer
et deux en construction. De six bâtiments armés,
trois étaient affectés aux transports des marchandises, et trois à la pêche de la baleine.

Je ne pouvais manquer de trouver promptement
un emploi sur une pareille flottille. En effet, deux
ou trois jours après, M. Berton me fit appeler dans
son cabinet. Je ne fus pas peu surpris d'y trouver
mon capitaine du *Mississipi*.

« Vous ne vous attendiez pas à cette rencontre,
me dit en souriant M. Berton; voilà le capitaine
qui vient vous proposer un nouvel engagement,
si vous voulez repartir avec lui pour l'Amérique.

(1) Ce temps est de cinq ans.

— J'étais venu, en effet, reprit le capitaine, dans cette intention; mais M. Berton m'ayant fait part de ses vues sur vous, je n'hésite pas, dans votre intérêt, à retirer ma proposition; car malgré le plaisir que j'aurais à naviguer avec vous de nouveau, malgré les avantages que je pourrais vous offrir, je reconnais que ces avantages sont bien inférieurs à ceux que vous trouverez dans la nouvelle carrière que votre ancien patron veut ouvrir devant vous. Toutefois, si les offres de M. Berton ne vous convenaient pas, vous pouvez venir me trouver; je ne pars que dans huit jours; d'ici là vous aurez le temps de réfléchir et de prendre un parti. Rappelez-vous que la place de contre-maître vous est réservée sur le *Mississipi,* jusqu'à ce que j'aie connu votre détermination. »

Là-dessus il prit congé de M. Berton, me serra cordialement la main, et sans me donner le temps de le remercier de ses bonnes intentions pour moi, il partit.

M. Berton le reconduisit, et me laissa seul pendant quelques instants.

Les paroles du capitaine m'avaient fort intrigué. Quelles étaient donc ces offres si avantageuses qui devaient m'être faites? De quelle carrière nouvelle le capitaine voulait-il parler? A peine avais-je eu le temps de réfléchir à ces questions que M. Berton rentra.

« Je suis sûr, mon cher Pierre, me dit-il en m'abordant, que vous vous mettez l'esprit à l'envers pour savoir ce qu'a voulu dire le capitaine.

— Je vous avoue, Monsieur, que cela m'occupe un peu l'esprit; mais comme je connais votre bienveillance, cela ne me tourmente guère.

— Allons au fait; seulement remarquez bien auparavant que je ne voulais vous faire part de mes propositions qu'un peu plus tard, par les motifs que vous connaîtrez tout à l'heure; mais la visite du capitaine du *Mississipi* me force à vous révéler plus tôt mes intentions, afin de vous laisser le choix entre ses propositions et les miennes. Maintenant voici de quoi il s'agit. Vous n'avez jusqu'ici été employé que dans la marine marchande proprement dite, sauf deux ans, je crois, que vous avez passés à bord d'un navire de l'État, par suite du numéro que vous avez amené au tirage. Vous avez acquis une expérience suffisante de la navigation pour remplir convenablement les fonctions d'officier d'un navire marchand; malheureusement vous n'avez pas assez de connaissances théoriques pour être reçu capitaine au long cours, quoique je vous confiasse plus volontiers

la conduite d'un navire qu'à plus d'un capitaine
breveté de ma connaissance. Eh bien, je veux
vous offrir le moyen d'obtenir ce brevet, objet de
votre ambition, sans avoir à subir, comme un
écolier, cet examen qui vous effraie.

— Oh! Monsieur, m'écriai-je, est-ce possible?

— Très-possible, et voici comment. Vous savez
que j'ai commencé ma carrière maritime comme
baleinier, ainsi que vous l'avez appris de M. Pel-
lion, votre ami (1). C'était quelques années avant
la révolution de 1789. Mais les guerres de la république et de l'empire vinrent arrêter complète-
ment cette industrie. Elle a repris seulement depuis
quelques années, grâce aux encouragements du
gouvernement, et maintenant elle est en voie de
progrès, et j'espère qu'elle arrivera bientôt à un
état de prospérité inconnu jusqu'ici en France. Je
n'ai pas été un des derniers à m'y livrer, et vous
pouvez juger que j'y ai fait d'assez bonnes opérations, puisque maintenant nous avons trois navires
baleiniers à la mer, et que les deux navires qui
sont en chantier auront la même destination. Mais
pour qu'un armateur puisse compter sur le succès
de ces sortes d'expéditions, il est essentiel que les

_____

(1) Voir *la Première campagne du père Tropique.*

bâtiments employés à la pêche soient montés par des marins exercés, et dans lesquels il puisse avoir toute confiance. Vous comprenez donc, mon cher Pierre, qu'étant trop vieux pour remplir moi-même, comme je l'ai fait souvent autrefois, les fonctions de capitaine, je tienne à en charger des hommes sur lesquels je puisse compter comme sur moi-même; ainsi j'ai jeté les yeux sur vous pour être un de mes capitaines baleiniers.....

— Mais, Monsieur, interrompis-je, comment cela pourrait-il se faire, puisque je n'ai pas le brevet de capitaine?

— Patience, reprit-il en souriant, j'allais vous dire le *comment*. Le gouvernement, ainsi que je vous l'ai dit tout à l'heure, donne de grands encouragements à cette pêche, en accordant des primes assez fortes aux hommes qui y sont employés. Il a pour cela deux motifs : l'un, d'empêcher les capitaux de sortir de France pour aller acheter à l'étranger les huiles et les autres articles provenant de cette pêche et qui sont indispensables à une foule d'industriels; l'autre, de former une pépinière d'excellents marins qui pourront être employés plus tard sur les navires de l'État. Outre la prime que le gouvernement accorde aux marins, il leur offre encore d'autres avantages.

Ainsi, une fois qu'ils sont engagés par un capitaine baleinier, ils ne peuvent pas être requis pour le service des bâtiments de l'État, jusqu'au retour de leur expédition, quand même ils feraient partie de la classe appelée à ce service par suite de l'inscription maritime. Enfin, une loi récemment rendue contient un article ainsi conçu : « Tout marin « âgé de vingt-quatre ans, qui a fait pour la pêche « de la baleine cinq voyages, dont les deux der- « niers en qualité d'officier, est admissible au « commandement d'un navire baleinier. » Hein? entendez-vous? Comprenez-vous maintenant comment vous pouvez devenir capitaine baleinier, ce qui équivaut bien à être capitaine au long cours?

— Oui, répondis-je, mais il faut encore attendre bien longtemps, car ces sortes de voyages durent plus d'un an; ainsi ce ne serait guère que dans sept à huit ans que j'aurais rempli les conditions exigées.

— Encore une fois patience, reprit-il. Une instruction ministérielle porte : « 1° que le temps « employé sur les bâtiments de l'État pourra être « compté en déduction sur le temps exigé par l'ar- « ticle que je viens de citer; 2° que tout marin âgé « de trente ans, employé habituellement dans la « marine au long cours, qui aura fait pour la pêche

2*

« de la baleine trois voyages, dont les deux der-
« niers en qualité d'officier, sera également admissible. » Eh bien, vous avez plus de trente ans;
vous avez toujours été employé dans la marine au
long cours; vous avez deux ans de service à bord
d'un bâtiment de l'État, et moi je vais vous nommer
immédiatement officier sur un de mes baleiniers :
rien n'empêchera donc que dans trois ans au plus
tard vous soyez nommé capitaine. »

Je remerciai chaleureusement M. Berton, et je
l'assurai que je ferais tous mes efforts pour répondre
à la confiance qu'il me témoignait.

« Je n'en doute pas, me répondit-il; j'ai toujours eu bon espoir en vous; je n'avais à vous
reprocher qu'un défaut, trop commun malheureusement parmi les marins; mais vous en voilà
maintenant corrigé, vous êtes un autre homme,
et une vie nouvelle va s'ouvrir devant vous. Pour
vous donner une dernière preuve de la confiance
que vous m'inspirez, j'ai résolu de vous charger
d'être le guide et le mentor de mon fils. Il revient
en ce moment d'un voyage à Constantinople et
en Égypte; je l'attends d'un jour à l'autre, et je
me réjouis de vous faire renouveler connaissance
avec lui, car ce n'était qu'un bambin quand vous
l'avez vu autrefois. Après quelques jours de repos,

il s'embarquera avec vous sur un de mes baleiniers
qui doit aller faire la pêche dans les mers du Sud.
Tous les deux vous aurez rang d'officier en second.
Vous aiderez mon fils de votre expérience, et lui,
de son côté, pourra vous donner quelques notions
théoriques qui vous seront toujours utiles. Ainsi
c'est entendu ; à compter d'aujourd'hui vous voilà
baleinier. Seulement je vous engage à profiter
du temps qui vous reste avant votre embarquement pour vous instruire des détails qui concernent
l'équipement et l'armement d'un navire baleinier ;
je vous prêterai aussi les ouvrages qui traitent de
la pêche de la baleine, et au moyen de ces divers
renseignements, vous ne paraîtrez pas tout à fait
étranger à votre nouvelle profession. »

Je suivis son conseil ; j'allai visiter un des navires
baleiniers qui se trouvaient désarmés dans le port ;
je causai avec plusieurs marins qui avaient fait
cette pêche ; je lus les divers ouvrages qui trai-
taient de cette matière, et je crois qu'il est utile de
vous donner un résumé général de ce que j'ai appris
alors et plus tard par ma propre expérience ; cela
vous rendra plus facile l'intelligence de mon récit.

Vous savez, mes enfants, que la baleine est le
plus grand des poissons. Il appartient à une famille
que les naturalistes appellent des *cétacés*, et qui

se divisent en plusieurs espèces : la baleine proprement dite ou baleine franche, le cachalot, le marsouin ou dauphin, etc.

Je ne parlerai ici que de la baleine franche, car c'est la seule à la pêche de laquelle j'ai employé les dernières années de ma vie maritime.

Vue de loin, la baleine présente une masse informe à laquelle il est impossible d'assigner un nom ou une espèce ; cela ressemble à une chaloupe chavirée.

En s'en approchant, pour mieux distinguer comment chaque partie est coordonnée, il faut que le caprice la porte à mettre au-dessus de l'eau ou sa tête immense et singulière, ou son énorme queue, ou enfin une de ses nageoires, pour qu'il soit possible d'en admirer la puissance, car son attitude familière consiste à ne montrer à la surface que la partie supérieure de son vaste dos.

La tête de la baleine égale à peu près en volume le quart de la longueur totale de l'animal. Le dessus est convexe et tombe en arc sur le bout. La partie de la tête qui se prolonge vers le dos, descend un peu vers l'aplomb de l'extrémité de la lèvre, et se termine par une bosse sur laquelle sont placés les orifices des deux évents.

Ces évents sont deux canaux qui servent à rejeter l'eau entrée par la gueule de la baleine, et à introduire jusqu'à ses poumons l'air nécessaire à sa respiration, quand, nageant entre deux eaux, les évents seuls restent à la surface.

Lorsque la baleine est animée par quelque vive affection ou par la douleur que lui cause quelque blessure, la rapidité et le volume d'eau qu'elle lance ainsi par les évents produit un bruit effrayant, et qui se fait entendre à plusieurs milles lorsque le temps est calme. On aperçoit à huit kilomètres et plus cette colonne d'eau qui s'élève quelquefois à huit mètres, et retombe en mille gouttes, parmi lesquelles le soleil brille. On ne saurait trop à quoi comparer l'espèce de mugissement causé par le jet de l'eau des évents de la baleine, si ce n'est au bruit d'un éboulement dans un lieu souterrain ou au grondement d'un orage à travers des échos.

L'ouverture de la bouche de la baleine franche est très-grande; elle se prolonge jusque au-dessus des orifices des évents. Les deux mâchoires sont à peu près aussi avancées l'une que l'autre; celle de dessous est très-large, et porte une graisse qui a, principalement près de l'œil, quarante à cinquante centimètres d'épaisseur. C'est cette partie que les baleiniers appellent la *gorge*. De chaque côté de la

gorge, montent les lèvres, qu'on nomme vulgaire-
ment *lippes*. Ces lèvres renferment une partie de la
mâchoire supérieure, qui s'y emboîte. C'est cette
partie de la mâchoire supérieure qui porte les *fanons*. La surface d'un fanon est polie et semblable
à celle de la corne. Il est composé de fils placés à
côté les uns des autres, dans le sens de sa longueur, très-rapprochés, réunis ou comme col-
lés par une substance gélatineuse, qui, lorsqu'elle
est sèche, lui donne les propriétés de la corne,
dont il a l'apparence. Chacun de ces fanons est
aplati, allongé, et très-semblable, par sa forme
générale, à la lame d'une faux. La couleur de
cette lame est ordinairement noire et souvent
marbrée. Bien polis, ces fanons sont d'un bel effet. On en voit souvent dont la longueur est
de trois mètres. Chaque mâchoire en contient
ordinairement quatre à cinq cents. Ce sont ces
fanons qui, sous le nom de *baleines*, servent à
une foule d'usages dans l'industrie, tels que mon-
tures de parapluie, cannes flexibles, buscs de cor-
sets, etc. etc.

Les mâchoires de la baleine n'ont point de
dents, et par conséquent n'exercent aucun travail
de mastication. Cet énorme animal ne se nourrit
que de très-petites proies, des moindres poissons

et surtout des mollusques dont quelques parages de l'Océan sont couverts.

On dit qu'autrefois la baleine se trouvait en abondance dans les mers d'Europe ; mais fatiguée sans doute des combats longs et acharnés livrés à son espèce, elle a entièrement abandonné les baies et les côtes qu'elle fréquentait jadis, pour se réfugier dans les mers glaciales, où on la pêche actuellement du mois d'avril au mois d'août. On la trouve encore aujourd'hui dans toutes les mers de l'hémisphère méridional, et principalement dans le grand Océan ou mer Pacifique. C'est seulement dans cette partie du monde que j'ai été employé à cette pêche ; aussi ne vous parlerai-je que de la manière dont elle s'y fait ; mais, du reste, elle diffère si peu de celle qui se pratique dans les mers glaciales, que qui connaît l'une connaît l'autre. Seulement, les navires baleiniers des mers du Nord sont doublés d'un bordage de chêne assez fort pour résister au choc des glaces, précaution qui n'est pas nécessaire aux baleiniers des mers du Sud. Ceux-ci ont aussi un personnel et un matériel moins considérable que les premiers, qui ont ordinairement de quarante à cinquante hommes d'équipage, six ou sept chaloupes montées par quatre rameurs, deux harponneurs et un patron, tandis

que les baleiniers du Sud n'ont que vingt-quatre
à trente hommes au plus, et que trois ou quatre
pirogues leur suffisent. Ces pirogues, plus légères
que les chaloupes des baleiniers du Nord, ont le
même nombre de rameurs, mais elles ne portent
qu'un seul harponneur. Les unes et les autres sont
munies de sept pièces de corde appelées *lignes*, de
cent vingt brasses (deux cents mètres) chacune, de
trois harpons, six lances, un pieu de fer, etc.

Le harpon est un instrument destiné, non à tuer
la baleine, mais à pénétrer dans son corps; c'est
un dard triangulaire en fer, long de près d'un
mètre, très-effilé, tranchant des deux côtés, bar-
belé sur ses bords, afin qu'il reste dans le corps de
l'animal quand il y a pénétré, et terminé à l'autre
bout par une douille, dans laquelle on fait entrer un
manche de deux à trois mètres de longueur. On at-
tache une ligne, ou corde de chanvre, au dard même
ou à la douille. La lance est longue de cinq mètres,
y compris le fer, qui en forme à peu près le tiers.
Elle diffère du harpon en ce qu'elle n'a ni ailes ni
oreilles, afin qu'on puisse la retirer plus facilement,
et en porter plusieurs coups avec promptitude.

Arrivés sur le lieu de la pêche, les équipages
des navires baleiniers doivent se tenir jour et nuit
prêts à agir. Le capitaine ou l'un des principaux

officiers, placés dans la grande hune, promène ses regards sur l'Océan. Dès qu'il aperçoit une baleine, ou les jets d'eau qu'elle lance par les évents, et qui ressemblent de loin à une masse de fumée, il avertit immédiatèment l'équipage. Plusieurs canots sont aussitôt mis à flot. Un d'eux rame directement vers la baleine; quand il est près d'elle, le harponneur lance son harpon avec force, tâchant de frapper le monstre à l'oreille, sur le dos ou dans quelque partie vitale. L'animal, se sentant blessé, s'abandonne souvent à des mouvements frénétiques; l'eau s'échappe de ses évents avec un bruit terrible; il pousse d'effroyables mugissements, et fait vibrer en l'air son énorme queue, capable, d'un seul coup, de briser un canot en mille pièces. Mais le plus ordinairement il plonge et fuit avec une rapidité étonnante : sa vitesse alors n'est pas de moins de onze mètres par seconde. A mesure que la baleine s'enfonce et s'éloigne, on laisse aller la ligne à laquelle est attaché le harpon, en ayant bien soin que la corde se déroule et glisse avec facilité; car, par l'effet de la traction, le rebord de la pirogue se trouvant abaissé à fleur d'eau, si la ligne, en filant, éprouvait un seul instant d'arrêt, il n'en faudrait pas davantage pour faire disparaître pêcheurs et embarcation sous les flots. J'ai malheureusement été témoin d'un accident de ce genre, comme je vous le raconterai plus t ard. Le frottement de la ligne le long du bord est si rapide que, pour empêcher le bois de prendre feu, on est obligé de le mouiller sans cesse. On rencontre parfois des baleines d'une .vigueur telle que leur capture exige des efforts inouïs. J'ai entendu parler, par un capitaine baleinier digne de foi, d'une baleine qui, avant d'être prise, fila près de deux lieues de corde, coula bas une chaloupe, et coûta la perte de douze lignes neuves.

Une baleine harponnée demeure sous l'eau plus ou moins de temps, ordinairement une demi-heure ; ce temps écoulé, elle reparaît, souvent fort loin de l'endroit où elle a été atteinte. Tantôt elle semble étonnée et dans un grand épuisement ; tantôt elle se montre farouche et furieuse. On ne doit en ce moment s'en approcher qu'avec une extrème circonspection. Comme elle replonge généralement au bout de quelques minutes, on se hâte de lui lancer un nouveau harpon, quelquefois deux, et l'on attend qu'elle reparaisse de nouveau. Pendant ce temps-là, les pirogues se disposent à l'attaquer, et, sitôt qu'elle se montre, elles l'assaillent à coups de lances. Des flots de sang mêlé d'huile jaillissent bientôt des blessures qui lui sont faites, rougissent l'eau de la mer dans un vaste espace, et inondent même quelquefois les pirogues et les pêcheurs. Cette énorme perte de sang diminue à vue d'œil les forces de la baleine. Cependant, à l'approche de sa fin, elle se livre souvent à des transports furieux, et, dressant sa queue, la fait tournoyer en battant l'eau avec un bruit qui parfois s'entend à une lieue de distance. Enfin, épuisée et vaincue, elle se tourne sur le dos ou sur le côté, frappe la mer à petits coups précipités de ses deux nageoires latérales, dont le mouvement dure peu, et expire.

Dès que la baleine est morte, les canots la remorquent jusqu'au bâtiment, et l'amarrent fortement à l'un de ses flancs. On songe alors à l'extraction de sa graisse et de ses fanons. Les marins chargés du dépècement s'habillent de vêtements de cuir et garnissent leurs bottes de crampons de fer, pour pouvoir se tenir fermes sur la peau de la baleine, qui n'est ni moins unie ni moins glissante que celle de l'anguille. Munis de couteaux de bon acier nommés *tranchants,* dont la lame a soixante-six centimètres et le manche deux mètres de long, ils commencent leur besogne par le derrière de la tête du cétacé. La première pièce de lard qu'ils doivent couper, se lève dans toute la longueur du corps du poisson : on la nomme pièce de revirement;

toutes les autres se coupent en tranches parallèles de cinquante centimètres de large, toujours de la tête à la queue. On partage ces différentes tranches en morceaux pesant environ quatre à cinq cents kilogrammes, qu'on tire sur le pont.

Tout le lard enlevé, on travaille à dépouiller la tête, et particulièrement la langue, qui à elle seule fournit quelquefois six tonneaux d'huile. La lèvre inférieure est aussi une des parties les plus chargées de graisse; elle rend jusqu'à deux mille kilogrammes d'huile.

Quand le dépècement est terminé, on pousse à la mer la carcasse de la baleine avec les immenses lambeaux de chair qui y restent attachés. Les oiseaux de mer, les requins et d'autres poissons voraces se précipitent sur ces débris, qui sont pour eux une excellente curée.

On s'occupe ensuite à bord de préparer le lard amoncelé sur le pont du bâtiment. Dans les baleiniers du Nord, on débarrasse les tranches de lard de la couenne qui les recouvre; puis on les divise de nouveau en morceaux de trente centimètres carrés, et on les encaque dans des tonnes placées dans la cale : c'est en cet état qu'on les rapporte au port d'armement, où la fonte est opérée et l'huile extraite. Un navire de 400 tonneaux ne peut pas

contenir plus de 240,000 kilogrammes de graisse :
cette graisse éprouve par la fonte et l'épuration un
déchet du tiers environ de son poids brut. Ainsi
le produit en huile d'un baleinier du Nord de
400 tonneaux ne peut guère dépasser 160,000 kilogrammes d'huile ; mais sa campagne ne dure que
six à sept mois, et l'année suivante il peut rapporter la même quantité.

Le baleinier du Sud, qui fait la pêche dans le
grand Océan, prolongera, au contraire, son voyage
pendant deux à trois ans, et quelquefois il tiendra
la mer huit mois de suite sans relâcher. On con-
çoit que si son chargement devait se composer
seulement de la graisse des baleines, il n'y aurait
guère de bénéfice dans un si long voyage pour
cette matière encombrante ; aussi pour se débar-
rasser du déchet, qui formerait un poids inutile
de 80,000 kilogrammes, les graisses sont fondues
à bord au fur et à mesure de la capture des baleines. Pour cela, on construit sur le pont, au pied
du mât de misaine, un fourneau en brique et en
maçonnerie, dans lequel sont établies de vastes
chaudières destinées à la fonte des graisses. A mesure que l'huile est obtenue par cette opération,
elle est transvasée des chaudières, à l'aide de
tuyaux en cuir, dans les barriques rangées dans

l'intérieur du navire. De cette manière, un baleinier du Sud rapporte à son retour de voyage une
quantité d'huile plus que double de celle que
peut rapporter un baleinier du Nord.

CHAPITRE III

M. Benjamin Berton. — Éloge de la profession de marin.

Huit jours après la conversation que j'avais eue
avec M. Berton, et que j'ai rapportée précédem-
ment, le bâtiment sur lequel était son fils entra
dans le port du Havre. Toute la famille était allée
à sa rencontre, et je l'avais accompagnée. A peine
la chaloupe, partie du navire arrivant, eut-elle
accosté le rivage, qu'un jeune et élégant marin s'é-
lança lestement sur le quai et vint sauter au cou de
M. Berton, et l'embrassa plusieurs fois en répétant :
« O mon père ! mon bon père ! que je suis heureux de vous revoir ! » Puis il embrassa avec une
égale tendresse ses deux sœurs, ses beaux-frères et
leurs enfants.

Pendant cette scène touchante, je m'étais tenu
un peu à l'écart, pour ne pas gêner ces premiers
épanchements d'affection filiale et fraternelle, tout

en regardant avec curiosité et intérêt le nouveau
venu. C'était un beau jeune homme, souple,
délié, au teint hâlé par la brise de mer et le soleil
de Smyrne et de l'Égypte. Une moustache naissante
ombrageait à peine sa lèvre supérieure; le reste de
son visage était imberbe, ce qui le faisait encore
paraître plus jeune qu'il ne l'était effectivement.
Son costume de fantaisie était d'une grande pro-
preté et d'une simplicité qui n'était pas exempte
d'une certaine coquetterie : un pantalon blanc,
sans bretelles, serré au-dessus des hanches et retenu par une ceinture bleu de ciel; bas bleus propres dans des souliers bien cirés; chemise blanche,
froncée au bas du bras et retenue par un poignet
d'étoffe de coton bleue bordée de trois lacets blancs;
cravate de coton rouge tournée autour du cou,
arrêtée par un nœud coulant et sortant, sur le devant de la poitrine, de dessous le col de la chemise,
bleu comme les poignets, et bordé comme eux d'un
triple lacet. Les bouts de la cravate ne flottaient
point au vent, ils étaient systématiquement conte-
nus le long de la fente pectorale de la chemise par
deux gances de coton attachées à une double bande
bleue, qui en complétaient l'ornement. Il avait
pour coiffure un chapeau de paille d'Italie, acheté
dans une relâche à Livourne ou à Gênes; ce cha-

peau était légèrement incliné à droite, et au-dessus de l'œil gauche tombaient les bouts noirs d'un ruban qui entourait la calotte basse de ce petit couvre-chef. Tel était l'ensemble de ce costume, rendu plus gracieux encore par la bonne mine, l'allure vive et dégagée de celui qui le portait.

Après avoir répondu aux caresses de ses sœurs, aux poignées de mains de ses beaux-frères et aux embrassements de ses neveux et nièces, le jeune marin revint à son père, qu'il embrassa de nouveau ; puis, le prenant par le bras, ils s'acheminèrent ensemble vers la maison. En ce moment M. Berton, m'apercevant, me fit signe d'approcher et dit à son fils : « Tiens, Benjamin, reconnais-tu ce vrai loup de mer, qui t'a bercé tant de fois dans sa pirogue ? »

Le jeune homme s'arrêta, me regarda quelques instants avec attention, comme pour rappeler ses souvenirs, puis tout à coup il s'écria joyeusement en me tendant la main : « Mais, je ne me trompe pas : c'est le père Tropique, que l'on disait mort de la fièvre jaune quand je suis parti pour la Méditerranée. Ma foi, vous avez bien fait, mon vieux, de ne pas vous laisser aller à la dérive, au point de ne pouvoir rattraper à la bordée et d'échouer sans espoir de vous renflouer. Il paraît que vous avez bien manœuvré, et que vous vous en êtes tiré à

votre honneur ; je vous en fais mon compliment,
et je vous assure que je suis bien aise de vous revoir. » En parlant ainsi il me tendait la main,
que je serrai avec effusion, en lui disant : « Et
moi aussi, monsieur Benjamin, je suis heureux de
vous revoir, et surtout que vous ne m'ayez pas
oublié ; seulement je m'étonne que vous m'ayez
reconnu, car pour moi, j'avoue que si je ne vous
avais pas vu au milieu de votre famille, je ne vous
aurais pas reconnu du tout.

— Il n'y a rien là de bien surprenant, observa
M. Berton ; songez, mon cher Pierre, que vous n'a-
vez pas vu Benjamin depuis son départ pour l'école
de marine, c'est-à-dire depuis dix à douze ans. Il
n'était alors qu'un enfant, et aujourd'hui il est
presque un homme ; il s'est donc opéré en lui un
grand changement depuis cette époque, tandis que
vous êtes resté à peu près le même. Mais maintenant
vous allez renouveler connaissance, et j'espère que
désormais vous ne serez plus séparés assez longtemps
pour que l'un puisse oublier les traits de l'autre.

Nous rentrâmes à la maison, où nous attendait
un somptueux repas de famille. Le reste de la
journée se passa en fête, et le lendemain, le surlendemain, et pendant quatre ou cinq jours le
nouveau débarqué fut invité tour à tour chez ses

beaux-frères et chez les négociants qui avaient quelque intérêt dans la maison Berton père et fils, Laparède et Cⁱᵉ. Pendant tout ce temps-là il ne fut pas question d'affaires. Plusieurs fois cependant j'avais trouvé occasion de m'entretenir avec M. Benjamin, et j'avais été charmé du caractère franc, de l'esprit orné, et surtout du goût passionné qu'il avait pour la profession de marin. Comme sous ce dernier rapport j'avais avec lui quelque ressemblance, et qu'il reconnut aussi en moi une grande franchise, il me témoigna dès les premiers jours une vive sympathie.

Au milieu de ces dîners de cérémonie et de ces fêtes dont il était le héros, souvent il lui arriva de s'esquiver quelques instants pour venir causer avec moi, et me faire raconter mes voyages et quelques-unes de mes aventures de mer. Un soir qu'il y avait eu une brillante réunion chez un des principaux négociants du Havre, Benjamin rentra fort tard dans la nuit et vint me trouver dans ma chambre, où j'étais déjà couché et profondément endormi.

« Tiens, c'est vous? lui dis-je; est-ce que vous venez me réveiller pour ma bordée de quart (1)?

(1) On appelle *bordée de quart* la durée du temps pendant lequel une fraction de l'équipage alterne avec l'autre, soit pour le travail, soit pour le repos.

— Ma foi, je le voudrais de tout mon cœur, me
répondit-il en soupirant, car je vous avouerai
franchement que ce genre de vie que je mène depuis quelques jours commence fort à m'ennuyer.

— Comment! mais on disait des merveilles du
bal que vous deviez avoir ce soir chez M. Troutel,
le gros raffineur de sucre; est-ce que par hasard ce
bal n'aurait pas tenu tout ce qu'il promettait?

— Oh! mon Dieu, il a tenu et au delà toutes ses
promesses; c'était brillant, étourdissant, merveil-
leux, ravissant; mais cela ne m'a pas empêché de
m'y ennuyer comme au milieu d'un calme plat.

— Comment, vous, à votre âge, un beau jeune
homme, vous ennuyer au bal!

— Je ne dis pas que ces sortes de fêtes m'en-
nuient toujours; je m'y amuse même très-bien une
fois ou deux en passant; mais quand cela dure
pendant huit jours de suite, comme cela a lieu
depuis mon débarquement, j'en suis fatigué et
ennuyé plus que je ne puis le dire. Franchement,
je préfèrerais essuyer huit jours de gros temps en
pleine mer que de recommencer une semaine
comme celle que je viens de passer.

— Allons, mon cher monsieur Benjamin, je vois
que vous êtes comme moi, et que vous aimez mieux
le plancher d'un navire que le parquet d'un salon.

En ce cas, nous ne tarderons pas l'un et l'autre, d'après ce que m'a dit monsieur votre père, à reprendre notre vie habituelle.

— Bah! fit-il d'un air étonné et satisfait en même temps, est-ce que mon père aurait parlé de me faire bientôt embarquer?

— Comment? est-ce qu'il ne vous en a rien dit?

— Pas un mot, et je n'ai pas osé lui en parler moi-même, pour ne pas paraître lui montrer le désir de le quitter sitôt. D'un autre côté, ma sœur aînée, Mme Laparède, le tourmente pour me faire abandonner la marine et m'employer dans ses bureaux, où je veillerais, dit-elle, plus utilement aux intérêts de la maison, que je ne puis le faire à bord d'un navire et dans des mers lointaines. Pour me décider enfin à rester, cette bonne sœur (car, je dois le dire, elle fait tout cela par affection pour moi) s'est mis en tête de me marier, vous ne vous douteriez pas avec qui? avec la fille de M. Troutel, le raffineur, qui nous a donné cette si belle et si ennuyeuse fête d'aujourd'hui. Et je supposais que mon père s'était laissé gagner par ma sœur, et qu'il était complétement entré dans ses idées; mais s'il vous a parlé de me faire embarquer bientôt, cela prouve que je me suis trompé, et j'en suis enchanté?

— Oui, mais il m'a parlé de cela plusieurs jours avant votre arrivée; il m'avait même dit que nous monterions ensemble le baleinier qui est en ce moment en armement dans le port, et qui ne doit pas tarder à mettre à la voile; mais il est possible que depuis votre retour il ait changé d'avis, du moins en ce qui vous concerne, d'après les instances et les projets de madame votre sœur; car il ne m'en a plus soufflé mot.

— J'en ai grand'peur aussi; tâchez donc, mon cher Pierre, de ramener cette question sur l'eau, et de savoir au juste de quel côté souffle le vent.

— Ah çà! l'idée de madame votre sœur ne vous sourit donc pas du tout? Il me semble pourtant que cette idée n'est pas à dédaigner; car je me suis laissé dire que Mlle Troutel, qui est fille unique, était le plus riche parti du Havre. Est-ce que par hasard la jeune personne serait laide, ou aurait quelque défaut qui vous déplairait?

— Mon Dieu, elle ne me plaît ni ne me déplaît; c'est une enfant de quatorze ans, assez fraîche, assez jolie, en somme une petite pensionnaire insignifiante; aussi ne songe-t-on pas à la marier à présent; on veut attendre deux à trois ans; mais comme Mme Troutel ne veut pas donner sa fille à un homme qui court les hasards de la mer,

elle met pour première condition à son consente-
ment que son gendre ne sera pas un marin, ou que,
s'il l'est, il renoncera à ce métier.

— Et vous, vous ne seriez pas disposé à y renoncer, à ce que je vois?

— Moi y renoncer! moi enfant de l'Océan, moi
qui suis né à bord d'un navire, qui ai été bercé à
son roulis, qui ai grandi sur son pont, au milieu
de ses agrès et de ses apparaux! Mais la mer est
ma patrie, et si j'étais forcé de rester toujours à
terre, j'éprouverais ce mal redoutable que l'on
appelle nostalgie, et que ressentent trop souvent
ceux qui sont contraints de se dépayser.

— Je vous comprends, quoique je ne sois pas né
marin comme vous et que je n'aie commencé à naviguer qu'à l'âge de quatorze ans; mais la mer est
devenue ma patrie adoptive, et je sens comme vous
que j'aurais grand regret à quitter la vie de marin,
car c'est un beau métier.

— Un beau métier! s'écria-t-il avec enthousiasme; dites donc que c'est la plus noble, la plus
sublime profession qu'il soit donné à l'homme
d'exercer. Et je n'en ai pas conçu cette idée, remar-
quez-le bien, par suite de l'habitude qui nous fait
souvent préférer à toute autre la profession dans
laquelle nous avons été élevés; mais c'est par la

réflexion, c'est quand j'ai eu le jugement assez formé pour apprécier ces choses à leur véritable valeur, que j'ai compris tout ce qu'il y avait de grand, de sublime, dans une profession qui exige tant de qualités chez ceux qui l'exercent. » Puis après une pause il continua d'un ton grave, je dirai presque solennel :

« Une chose surtout doit donner au marin une haute idée de la noblesse de sa profession et puissamment contribuer à l'élévation de ses sentiments: c'est la grandeur et la force des adversaires avec lesquels il lutte sans cesse, et l'avantage qui se termine presque toujours en faveur de l'homme dans son duel avec les éléments. Sur terre, quelque fierté que le Ciel vous ait donnée, vous êtes obligé de vous humilier à chaque pas vis-à-vis d'intelligences supérieures à la vôtre, de talents plus complets, de monuments, d'institutions, de bruits de gloire qui écrasent votre individualité en la refoulant aux bas échelons de la puissance et du génie. En mer, au contraire, l'homme est maître, *maître après Dieu,* comme le dit le langage du droit maritime; rien n'est plus grand, plus fort que lui; son navire, il l'a fait; l'immensité, il la parcourt et en sillonne à son gré la surface; le vent de la mer ameute-t-il contre lui ses bouffées et ses

lames, il mesure de sang-froid la somme de résistance qu'il faut lui offrir, et ne cèdera que pouce
à pouce. Viennent alors de plus grands efforts de la
mer et du vent, vienne la tempête! il continue
énergiquement sa noble lutte; à peine abandonne-
t-il aux tourbillons qui lui jettent tant de menaces
quelques lambeaux de mâtures, comme l'arbre
géant livre quelques feuilles à la brise qui joue dans
ses branchages. Mais les lames accourent et s'a-
meutent plus pressées, le vent les soulève et les
agace; les rafales arrachent de l'horizon le crêpe
noir des nuages pour en voiler le ciel... Le navire
offre toute sa force de résistance à l'action combi-
née de toutes ces attaques. Le marin, c'est l'âme de
cette résistance qui fait si noble partie dans ce duel;
il regarde, il attend, il prévoit, il oppose sans cesse
de nouvelles combinaisons à de nouvelles hostili-
tés; son sang-froid lui donne des ressources iné-
puisables, sa science pratique des moyens d'obvier
à tout; sa pensée active est un bouclier qui défend
chaque partie de ce grand corps dont il est l'esprit.
Puis, fatigués de leurs convulsions, les éléments
usent leur fureur dans de dernières crises; la mer
s'affaisse sous le vent, qui, en s'assoupissant, a cessé
de tourmenter ses lames; de derniers et rares efforts
signalent, comme ceux d'un adversaire vaincu, sa

fatigue impuissante; puis tout devient calme et bientôt serein. Le navire est encore entier dans l'arène, rajustant à peine quelques frivolités de sa toilette, sans qu'aucun de ses membres garde l'empreinte du combat; il est là, porté par son ennemi assoupi, comme un cavalier qu'un coursier fougueux n'a pu abattre, et qui, las de ses soubresauts sans résultat, a repris indolemment une allure soumise... Où trouverez-vous, dites-le-moi, où trouverez-vous sur la terre des sensations qui puissent élever l'âme à un pareil degré? »

En parlant ainsi, le jeune Berton était vraiment magnifique à voir et à entendre. Sa physionomie avait pris une expression imposante : ses yeux brillaient d'un éclat inaccoutumé, le son de sa voix avait une harmonie grave et pénétrante, et sa parole, sortant du langage vulgaire des marins qu'il savait si bien prendre quand il voulait, s'était colorée de nobles images, convenables à la noblesse des idées qu'elle exprimait.

Tout le temps qu'il avait parlé, je l'avais écouté avec une religieuse attention, et quand il eut cessé, je l'écoutais encore. Après un instant de silence, pendant lequel je regardais le jeune homme avec une sorte d'admiration, je m'écriai : « Oh! monsieur Benjamin! que ce que vous venez de dire là

est bien vrai et bien senti! Je n'aurais pas pu le dire
comme vous, mais je crois le comprendre aussi bien
que vous : Non, il n'y a pas de plus belle profession
que celle de marin, et les dangers qu'elle offre sont
précisément ce qui en fait le charme pour un homme
de cœur.

— Eh! sans doute, mon brave Tropique, reprit-
il en souriant, et de son ton ordinaire, chez les
vrais marins le besoin de courir des dangers est
un noble instinct qui les agite sans cesse, et qui les
entraîne dans de hasardeuses aventures. » Et il se
mit à fredonner, en se promenant dans la chambre,
le couplet suivant :

> Et pourquoi craindrais-je cette eau
> Où j'ai passé toute ma vie?
> Ces vents ont flatté mon berceau ,
> Ces flots ont été ma patrie.
> Et puisqu'un jour il faut mourir,
> Un franc marin, qui fuit la terre ,
> Doit rendre le dernier soupir
> Dans la vague qui fut sa mère...

Hélas! le malheureux jeune homme ne croyait
pas en quelque sorte prédire son avenir, et moi-
même j'étais bien loin de soupçonner que je serais
témoin d'un pareil événement... Mais n'anticipons
pas sur les événements.

« Oui, je le vois, repris-je quand il eut fini son couplet, vous, monsieur Benjamin, vous êtes un franc marin, un marin fini, quoique vous soyez encore bien jeune ; et je comprends combien vous avez dû être effrayé quand vous avez craint que monsieur votre père ne vous permît plus de vous rembarquer. Mais je crois que vous vous êtes trompé ; pourquoi monsieur votre père, qui lui-même a passé une partie de sa vie à naviguer, qui vous a vu naître sur le navire qu'il commandait pendant une traversée du Brésil en France, qui vous a donné une éducation toute maritime, et vous a fait élever à bord d'un vaisseau au lieu d'un collége, qui attend avec impatience que vous ayez atteint l'âge et subi les épreuves nécessaires pour recevoir le brevet de capitaine au long cours, pourquoi, dis-je, renoncerait-il aujourd'hui à des idées qu'il avait encore il y a huit jours, et dans lesquelles il vous a bercé lui-même dès votre naissance ? Je le répète, il y a là quelque malentendu ou quelque erreur de votre part.

— C'est possible, et je veux au plus tôt sortir de cette incertitude ; c'est pour cela que je vous prie de sonder les intentions de mon père dès demain matin, car je vous ai dit les raisons qui m'empêchent de lui en parler moi-même. Sur ce, je vous

souhaite le bonsoir, et je vous prie de m'excuser
d'avoir interrompu votre sommeil; mais j'avais
besoin, pour lui confier mes inquiétudes, de quelqu'un qui pût les comprendre et s'y intéresser, et
j'étais sûr de trouver en vous intelligence et sympathie.

— Je vous remercie, Monsieur, lui répondis-je,
de cette preuve de confiance qui me flatte et m'ho-
nore. De jour, de nuit, en toutes circonstances,
quand vous aurez besoin de moi, ne vous gênez
pas; vous me trouverez toujours disposé à vous
servir avec zèle et dévouement.

— Je n'en doute pas, et ma visite de cette nuit
en est la preuve. » A ces mots il me serra cordialement la main, et se retira dans sa chambre, qui
était voisine de la mienne.

CHAPITRE IV

Pendant douze ans j'exerce la profession de baleinier.

Le lendemain, de bonne heure, je vis M. Berton, et je ne manquai pas d'amener la conversation sur le sujet dont m'avait parlé Benjamin. Je

ne tardai pas à m'apercevoir que s'il n'avait pas
encore changé ses projets à l'égard de son fils, il
avait été circonvenu, pressé, je dirai même tour-
menté, de manière à ébranler sa résolution.

« Dans quinze jours ou trois semaines, me dit-
il, le bâtiment sera prêt à prendre la mer. Vous
aurez le titre d'officier de route, et votre capitaine,
qui vous connaît depuis longtemps, est enchanté
de vous avoir pour second. C'est M. Battel, qui
était un de mes seconds officiers, lors du premier
voyage que vous avez fait avec moi à bord du
Saint-Charles en 1815. Vous avez, je crois, navigué plusieurs fois avec lui depuis cette époque, et
je pense que vous vous accorderez bien ensemble. »

Je répondis que j'étais très-content d'avoir
M. Battel pour chef immédiat. C'était effectivement un homme de mérite, excellent marin, mais
froid, peu communicatif, et qui passait pour sé-
vère; du reste il était juste, impartial, et jamais
on n'avait pu lui reprocher d'avoir infligé une punition par caprice ou par colère. Il me nomma ensuite les autres personnes qui feraient probablement partie de l'état-major, et dans ce nombre
n'était point compris Benjamin.

« Et M. Benjamin, m'empressai-je de lui dire,
vous n'en parlez pas? Est-ce qu'il ne ferait pas la

campagne avec nous, comme vous me l'aviez annoncé ?

— Ce serait possible, cependant je ne l'affirme pas... Il n'y a encore rien de décidé... Voilà deux à trois ans de suite que Benjamin tient la mer sans relâche... Il a besoin de se reposer un peu. Puis, je me fais vieux, je suis bien aise d'avoir auprès de moi quelqu'un qui puisse m'aider ; il faut que je le mette au courant des affaires de la maison, auxquelles il n'est pas encore initié.

— Vous voulez donc le faire renoncer à sa carrière de marin, et au rang de capitaine au long cours dont il espérait bientôt obtenir le brevet ?

— Non, non, je ne dis pas cela ; seulement je désire le garder avec moi pendant quelques mois pour les motifs que je vous ai dits. Je sais que cela ne sera pas tout à fait de son goût ; mais je pense qu'il est assez raisonnable pour ne pas contrarier mon désir. D'ailleurs ce ne sera qu'une relâche de courte durée ; car la campagne que vous allez faire ne durera guère que dix mois, et je le laisserai parfaitement libre de vous accompagner à la campagne suivante. »

Je ne fis aucune objection, car je vis bien que c'était chez M. Berton un parti pris. Je courus aussitôt prévenir M. Benjamin, et lui raconter mot pour mot la conversation que je venais d'avoir avec son père.

« Je vous l'avais bien dit, me répondit-il tristement, et mes pressentiments ne me trompent presque jamais. On veut me faire rester à terre pendant votre campagne sous un prétexte quelconque, et en me promettant que je me rembarquerai prochainement; on espère bien pendant ce temps-là m'entraîner vers un autre but et me dégoûter de la marine; mais on n'y parviendra pas, je vous en réponds.

— Mais si vous exprimiez à monsieur votre père votre répugnance à séjourner à terre, peut-être consentirait-il à votre départ.

— C'est possible, c'est même probable; mais je sais qu'il serait profondément affligé. Sans doute j'aime la mer et le métier de marin jusqu'à la passion; mais j'aime encore plus mon vieux père, et je sacrifierais tous mes goûts les plus vifs à l'idée de lui causer volontairement la moindre peine.

— C'est bien, monsieur Benjamin; de tels sentiments vous honorent, et ce n'est pas moi qui chercherai à les combattre. Vous n'avez maintenant, à mon avis, qu'une chose à faire, c'est d'acquiescer au désir de monsieur votre père, de rester avec lui pendant dix mois ou un an, et comme il vous promettra de vous laisser embarquer à notre seconde campagne, faites-lui bien comprendre que vous comptez sur cette promesse, et que vous n'éprouverez aucun obstacle quand le moment sera venu de la remplir.

— Oui, c'est là, je crois, le meilleur parti à prendre; si une fois mon père m'engage sa parole, je puis y compter avec toute certitude. Je vais le trouver à l'instant, car j'ai hâte de sortir de mon incertitude. »

Une heure après, Benjamin vint me retrouver. Son front était rayonnant de joie.

« Eh bien! lui dis-je en le voyant, est-ce que vous partez avec nous?

— Oh! je ne suis pas si heureux, répondit-il, et un léger nuage passa sur son front. C'est égal, ajouta-t-il presque aussitôt, je suis content de mon père et de moi. Notre entrevue a été on ne peut plus touchante; chacun de nous craignait d'affliger l'autre, et c'était à qui se ferait mutuellement le plus de concessions. Quand je lui ai demandé si son intention était de me faire abandonner la marine, il a paru fort étonné. « Mais qui t'a pu fourrer dans la tête une pareille idée? Moi, fils de marin, marin moi-même dès mon enfance, je songerais à te fai abandonner une carrière

dans laquelle j'ai été élevé, et à laquelle je t'ai
destiné? Il est vrai, ajouta-t-il ensuite comme par
réflexion, que Mme Laparède, ta sœur, a conçu je
ne sais trop quel plan dans ce sens, et il t'en sera
probablement venu quelque chose aux oreilles,
mais je n'y ai jamais attaché d'importance. Seulement j'ai désiré te garder avec moi pendant
quelque temps, parce que, d'une part, j'ai besoin
de te mettre au courant des affaires de notre maison, que tu ne connais pas assez, et de l'autre, que
toi, tu as besoin de compléter ton éducation commerciale. Ton éducation maritime est à peu près
terminée ; tu connais assez bien les principes et la
théorie, et de plus tu y as joint deux à trois ans
de pratique dans l'Océan et dans la Méditerranée ;
tu pourrais donc, si tu avais l'âge, être reçu capitaine au long cours. Mais il te manque encore
quelque chose pour exercer convenablement ces
fonctions, c'est la pratique du haut commerce ; car
un capitaine au long cours doit être tout à la fois
un commerçant capable et un marin expérimenté,
et c'est pour t'initier à cette pratique du haut commerce qu'il est nécessaire que tu restes quelque
temps avec moi. »

« Je n'avais point d'objection à faire à un projet
aussi raisonnable ; j'ai remercié mon père en lui

disant que j'étais prêt à me conformer à ses désirs, et en ajoutant, comme condition, qu'il ne s'opposerait pas à mon embarquement sur le *Goëland* à sa prochaine campagne. (Le *Goëland,* comme vous le pensez bien, était le nom du baleinier que nous allions monter.) Mon père m'a aussitôt donné sa parole en termes formels, que non-seulement il ne s'opposerait pas à mon embarquement sur le *Goëland* à cette époque, mais que si dans cinq à six mois j'avais acquis les connaissances pratiques qui m'étaient nécessaires, je pourrais monter à bord d'un de nos navires marchands en qualité de subrécargue (1), ce qui me perfectionnerait encore dans la pratique du commerce. Mais je l'ai remercié de cette offre en lui disant que je préférais attendre le *Goëland.*

— Et moi, repris-je vivement, je vous remercie à mon tour de cette préférence; mais n'allez pas, si par hasard vous vous ennuyez trop à terre, et si

---

(1) Le *subrécargue* est un préposé spécial nommé par les armateurs d'un navire pour veiller à la conservation et à la vente des marchandises et en acheter d'autres. Alors les pouvoirs et la responsabilité du capitaine sont diminués de toutes les attributions que la convention ou l'usage donne au subrécargue. Il engage ses armateurs comme un commissionnaire engage ses commettants; mais, quelle que soit sa qualité, il ne peut rien se permettre sur le gouvernement du navire.

vous vous fatiguez d'attendre notre retour, monter
sur quelque bâtiment de commerce en qualité de
subrécargue.

— Ne craignez rien à cet égard, répondit-il en
riant; j'aime, il est vrai, la marine avec passion;
mais j'avoue que j'ai peu de goût pour le commerce, et je ne me soucie pas de continuer à bord
la vie de commis que j'aurai commencée dans les
magasins de mon père. Je déclare même que la
marine marchande a pour moi peu d'attraits, et
qu'après tout, transporter des ballots et des marchandises d'Europe en Amérique ou en Asie *et vice
versa*, n'est qu'un métier un peu plus relevé, parce
qu'il demande plus de connaissances, que celui d'un
entrepreneur de roulage par terre. Je vous avouerai enfin que si j'étais mon maître absolu, tout à
fait indépendant et jouissant d'une fortune convenable, je renoncerais sur-le-champ à ce métier.

— Comment! vous renonceriez à la marine?

— Que Dieu m'en préserve! reprit-il avec viva-
cité; mais vous ne me comprenez pas, mon cher
Pierre, je veux dire que je renoncerais au commerce maritime ou autre, mais non pas à la marine.
Je suis fort loin, croyez-le bien, d'avoir aucun
mépris pour la profession de commerçant, surtout
de commerçant maritime; je connais toute l'im-

portance de cette belle profession; personne mieux
que moi n'apprécie l'étendue des services qu'elle
rend à l'État; mais tout le monde n'a pas l'apti-
tude nécessaire pour l'exercer, et malheureusement peut-être je suis de ce nombre. Si donc,
comme je le disais tout à l'heure, je jouissais d'une
fortune et d'une position indépendantes, j'équipe-
rais à mes frais un bâtiment léger, dans le genre
par exemple d'un brick-goëlette, et je m'en irais
courir les mers, visitant de préférence les parages
les moins connus, faisant des observations hydrographiques et géographiques, essayant des relations avec des peuplades encore sauvages, et rap-
portant en France mes découvertes; je voudrais
enfin que ce voyage entrepris pour mon agrément
ne fût pas inutile à la science, à la navigation et
aux relations commerciales qu'on pourrait tenter
par la suite. Voilà un de mes rêves; eh bien! qu'en
dites-vous, mon vieux? seriez-vous disposé à
m'accompagner?

— Certainement, monsieur Benjamin, je vous
accompagnerais volontiers; mais, comme vous le
dites, ce n'est qu'un rêve, et un rêve de jeune
homme. Vous ambitionnez tout simplement de
marcher sur les traces des Bougainville, des la
Pérouse, des Laplace, des Dumont-d'Urville et

de quelques autres. C'est à merveille; mais de
pareilles entreprises ne peuvent guère se faire sans
le concours de l'État; car un simple particulier,
quelque riche qu'il fût, ne pourrait guère espérer de réussir avec ses propres ressources; et pour
que l'État confie de pareilles missions à un navigateur, il faut que celui-ci soit connu par de
longs antécédents, et qu'il occupe un certain rang
dans la marine royale.

— Ah! ah! reprit-il en riant, voilà le père Tropique qui prend mon rêve au sérieux. Mais, mon
vieux, est-ce qu'il ne vous est jamais arrivé, quand
vous étiez de quart par un beau temps, et que
vous fumiez tranquillement votre pipe le dos appuyé contre le plat-bord, de faire tout éveillé des
rêves encore plus impossibles que le mien?

— Oh! ça, c'est vrai.

— Eh bien, mon cher, tout ce que j'ai voulu
vous dire, c'est que j'aimerais par-dessus tout ce
genre de navigation aventureuse; mais comme je
sais fort bien que je n'aurai jamais l'occasion
de la pratiquer, je veux au moins me livrer au
genre de navigation qui se rapproche le plus
de celui-ci, et la pêche de la baleine m'offre
précisément un moyen de réaliser en partie mes
idées, surtout la pêche dans le grand Océan. Dans

ces sortes d'expéditions, au moins, votre itinéraire
n'est pas tracé, votre temps n'est pas limité, comme
dans la navigation commerciale ordinaire, par une
charte-partie (1), véritable lettre de voiture qui
vous renferme dans un cercle que vous n'avez pas
le droit de franchir. Le baleinier, lancé à la poursuite des géants de l'Océan, n'a pas à s'occuper du
placement des marchandises qu'il transporte, ni
de l'acquisition d'un nouveau fret pour le retour;
son chargement est le fruit de son adresse, de son
audace et de son travail, tantôt dans les parages
dangereux du cap Horn, tantôt dans les baies pai-
sibles de l'ancien ou du nouveau continent, tantôt
dans ces nombreux archipels semés sur l'immensité de la mer Pacifique, son voyage n'est qu'une
lutte continuelle contre l'Océan et contre les
monstres marins; c'est là que l'homme éprouve
surtout ces vives émotions, ces sensations extraordinaires dont je vous parlais hier soir, et qui

---

(1) La *charte-partie* est un contrat passé entre l'armateur ou
le capitaine d'un navire et un commerçant qui *affrète*, c'est-à-
dire loue tout ou partie de ce bâtiment pour transporter une
cargaison, ou une certaine quantité de marchandises d'un port
ou d'un pays à un autre désigné dans cet acte. On y stipule le
prix qui sera payé par tonneaux pour le transport, le nombre
de jours pour le chargement et le déchargement, et la durée
approximative et au maximum de la traversée.

élèvent l'âme au-dessus d'elle-même. Ainsi ne craignez pas, mon brave Tropique, que je renonce au métier de baleinier, pour me faire *voiturier* par mer de sucre, de café, d'indigo, de bois de campêche, et autres marchandises coloniales ou européennes. Seulement je regrette moins de ne pas vous accompagner à ce premier voyage, parce que votre expédition ne doit se faire que dans les mers du Sud, et qu'elle ne peut offrir beaucoup d'intérêt, les parages que vous allez visiter, et que je connais, étant assez tristes et n'offrant d'autres distractions que la pêche elle-même. Mais à votre second voyage, qui doit vous conduire au delà du cap Horn, j'espère bien que je serai des vôtres, et je ne cèderais pas ma place pour tout l'or du Pérou. »

Dès le lendemain on s'occupa activement des préparatifs de notre départ. M. Benjamin, pour se dédommager en quelque sorte de ne pas être du voyage, voulut veiller à notre installation à bord du *Goëland*. Il fit plusieurs fois, avec le capitaine, la revue la plus minutieuse du bâtiment, depuis la cale jusqu'au mât de perroquet.

Enfin, nous mîmes à la voile dans les derniers jours d'avril 1832; nous nous dirigeâmes sur la côte occidentale d'Afrique, où se fait ordinairement la pêche de la baleine en cette saison. Cette côte

se découpe en nombreuses baies, où les baleines
viennent mettre bas sur les plages sablonneuses
qui abaissent leurs pentes vers la mer. Mais nous
ne fîmes pas un long séjour dans ces parages, la
saison étant déjà trop avancée; nous nous rendîmes à l'ouest du cap de Bonne-Espérance, dans
le voisinage des îles de Tristan d'Acunha, où en
moins de deux mois, de septembre à la fin d'oc-
tobre, nous fîmes une pêche suffisante pour remplir toutes nos barriques. Nous allâmes ensuite à
Rio-Janeiro, pour réparer quelques avaries et nous
procurer des vivres frais. Après une courte relâche
dans ce port, nous cinglâmes vers le Havre, où
nous arrivâmes à la fin de janvier 1833, juste neuf
mois après notre départ.

La campagne avait été on ne peut plus avanta-
geuse; armateurs, officiers et matelots, étaient en-
chantés. On sait que les équipages baleiniers sont
engagés à la part, et profitent de la réussite de l'o-
pération dans des proportions basées sur le grade
et la capacité de chacun des hommes qui le composent. En somme, l'équipage emporte un tiers
des produits de la vente de l'huile et des fanons.
Dans notre voyage, notre capitaine eut pour sa
part environ vingt mille francs; moi j'en touchai
six mille, les autres officiers de cinq à trois mille;

les harponneurs eurent deux mille francs, les premiers matelots dix-huit cents francs, et les autres de douze à quinze cents. Outre cela, le bénéfice des armateurs fut, à ce que j'appris de M. Benjamin, d'environ 80 p. 0/0 de leurs avances.

C'était la première fois, depuis que je naviguais, que je me voyais en possession d'une si grosse somme d'argent. M. Berton, en me la comptant, me dit : « Eh bien, mon cher Pierre, qu'allez-vous faire de ce magot? Vous n'êtes pas sans doute tenté de le dépenser comme vous auriez fait autrefois?

— Certainement non, Monsieur, mais j'avoue que je ne sais trop à quoi l'employer, et je vous prie de m'éclairer là-dessus.

— Si vous le voulez, je mettrai cette somme dans mon commerce, et je vous en paierai les intérêts à raison de 6 p. 0/0 par an; ou bien, si vous le préférez, nous le placerons sur le premier baleinier que nous allons expédier et dont vous ferez partie; alors vous serez associé commanditaire pour cette somme, et par conséquent doublement intéressé au succès de l'expédition. En effet, si elle produit autant que la dernière, votre somme de six mille francs, au lieu de vous rapporter 6 p. 0/0, c'est-à-dire 360 francs, dans un an, vous produira

à la fin de la campagne la somme de quatre mille
huit cents francs, ou 80 pour 0/0, indépendam-
ment de ce que vous toucherez pour vos appointements comme officier.

— Naturellement, Monsieur, répondis-je en
souriant, je préfère le second placement au premier.

— Je le conçois, parce que vous vous laissez facilement éblouir, et que le défaut d'habitude des
affaires ne vous permet pas de distinguer entre
celles qui sont plus ou moins avantageuses. Le premier mode de placement vous paraît modeste;
mais il est sûr, régulier et aussi solide que la maison Berton et Cⁱᵉ, qui, Dieu merci, est aussi stable
et ne craint pas plus les coups de vent que la tour
de François Iᵉʳ (1). Le second mode vous paraît pré-
férable, parce qu'il est beaucoup plus productif;
mais il est aussi beaucoup plus chanceux. La campagne que vous venez de faire a été une des plus
heureuses; mais il ne faut pas toujours vous attendre
à de semblables résultats. Non-seulement quelquefois les bénéfices sont beaucoup moindres, mais il
arrive même que le résultat de l'opération constitue
en perte les armateurs; alors, loin de toucher un

(1) La tour de François Iᵉʳ, bâtie à l'entrée du port du Havre.

fort dividende, votre capital courrait risque d'être entamé ; et si un naufrage venait à détruire votre navire, ce serait encore bien pis, car alors vous perdriez toutes vos économies.

— Ma foi, tant pis, répondis-je, j'aime mieux que mon argent soit placé sur le même navire que moi ; au moins nous courrons ensemble les mêmes chances ; et si le bâtiment vient à faire naufrage, il est probable que je ne lui survivrai pas, et alors je n'aurai pas besoin d'avoir fait des économies.

— Allons, comme il vous plaira. En ce cas, je vais vous porter comme actionnaire de la prochaine expédition du *Goëland.* Cette fois elle sera un peu plus longue que l'autre, car vous doublerez le cap Horn. Il est probable que Benjamin vous accompagnera ; il paraît le désirer, et comme je lui ai donné ma parole, je serais au désespoir de le contrarier. Dans ce cas, je vous le recommande comme si c'était votre fils ou votre frère ; Benjamin est hardi souvent jusqu'à l'imprudence, et il a besoin de quelqu'un qui sache le retenir et le contenir à propos. Le capitaine Battel ne saurait peut-être pas s'y prendre convenablement avec lui ; il voudrait exiger l'obéissance qu'il lui devrait comme subordonné, et cette prétention serait capable de révolter Benjamin. Pour vous, il vous aime, il vous estime, il a la plus grande confiance en vous, j'en ai eu la preuve par la manière'dont il m'a parlé de vous pendant votre absence; 'aussi je suis persuadé que vous le dirigerez avec facilité, en lui tenant un langage tout à la fois amical et ferme. »

J'assurai M. Berton que je ferais tous mes efforts pour me rendre digne de sa confiance et de celle de son fils.

Non-seulement Benjamin paraissait désirer faire partie de notre prochaine expédition, comme le disait son père, mais il la désirait, en effet, et bien vivement.

Le travail sédentaire auquel il avait été assujetti depuis plusieurs mois, ne pouvait convenir à ses habitudes d'une vie agitée et toute de mouvement. Cependant il s'y était livré avec ardeur, uniquement pour faire plaisir à son père, mais il attendait avec impatience l'instant où il pourrait, selon son expression, « sortir de captivité. »

Enfin ce jour tant désiré arriva. Benjamin eut le titre d'officier de route, et moi celui de premier chef de pirogue. Notre équipage était composé, à peu près de la même manière que dans la campagne précédente. Celle-ci dura dix-huit mois; elle fut plus pénible que la première; mais les résultats en furent encore plus avantageux. Aussi à peine fûmes-nous de retour au Havre, que l'on songea à organiser une nouvelle expédition.

Pour abréger, je vous dirai que dans l'espace de douze ans, de 1833 à 1845, je pris part à cinq expéditions, dont deux seulement dans les mers du Sud, et trois dans l'océan Pacifique. M. Benjamin avait fait partie de celle-ci seulement.

Toutes ces campagnes avaient été heureuses, quoique mêlées d'une foule d'incidents et même d'accidents plus ou moins graves, mais cependant sans une importance majeure; aussi me dispenserai-je de vous les raconter pour arriver à ma dernière campagne, la plus remarquable et la plus fatale de toutes.

CHAPITRE V

Ma dernière campagne en qualité de capitaine baleinier. — Le départ. — Arrivée sur les côtes du Chili. — Valdivia. — Les Araucans ou Araucanos.

Au retour de chacune de mes expéditions, j'avais, comme après la première, placé le produit de ma part et de mon dividende dans l'expédition suivante. Mon capital s'était ainsi augmenté dans des proportions rapides, et je me trouvais maintenant à la tête d'une quarantaine de mille francs. « Encore une campagne ou deux, me disais-je, et je me trouverai assez riche pour vivre tranquillement le reste de mes jours, et me reposer, s'il m'en prend fantaisie. »

J'avais tout à fait perdu l'habitude et le goût de mes folles dépenses d'autrefois; mais peut-être à ce défaut en avait-il succédé un autre tout opposé, un trop grand amour de l'argent et le désir insatiable d'augmenter mon avoir. Dieu devait me punir d'une manière terrible de ce péché d'avarice.

Il s'était opéré de grands changements dans la famille Berton pendant ces dernières années. Le vieux père s'était tout à fait retiré des affaires, et Benjamin s'était enfin décidé à se marier, et à se mettre à la tête de la maison. Il n'avait point fait partie de notre dernière expédition, qui, comme la première, avait eu lieu dans les mers du Sud; mais elle avait duré un peu plus d'un an, et à mon retour je fus tout étonné d'apprendre son mariage et les changements survenus dans la maison. J'en fus contrarié, car je me disais que probablement il avait renoncé à la mer, et je

m'étais fait une si grande habitude de l'avoir
pour compagnon de voyage, que je prévoyais un
ennui mortel s'il fallait désormais m'embarquer
sans lui.

La première fois que je l'abordai, tout en lui
faisant mes compliments sur son mariage, je ne
pus m'empêcher de lui exprimer mes craintes à
cet égard. « Rassurez-vous, me répondit-il en
souriant et en me serrant affectueusement la
main, rassurez-vous, mon vieux loup de mer, je
n'ai pas épousé Mlle Troutel, dont les parents exi-
geaient pour première condition que je renonçasse
à la carrière maritime ; je me suis marié avec la
fille de M. Laroche, ancien marin et armateur
comme mon père, et ce n'est ni ma femme ni sa
famille qui s'opposeront à ce que je prenne parfois la mer, quand je le jugerai à propos. Le frère
de ma femme, le jeune Laroche, mon ancien camarade de l'école de Marine, que vous connaissez
(car il a fait partie de notre première expédition),
est maintenant mon associé. Comme sa santé ne lui
permet plus de naviguer, et qu'il s'entend parfaitement aux affaires, c'est lui qui a réellement
remplacé mon père et qui est le gérant de la
maison, dont la raison de commerce est mainte-
nant : Berton fils, Laparède, Laroche et Cie. Quant

à moi, j'ai si peu renoncé à naviguer, que je fais
travailler activement, dans ce moment-ci, à la
construction d'un magnifique trois-mâts, qui sera,
je l'espère, le plus beau baleinier sorti des chantiers
du Havre, et mon intention est de l'accompagner
dans sa première campagne, sous vos ordres, mon
capitaine, » ajouta-t-il en s'inclinant.

J'avais effectivement reçu le brevet de capitaine
baleinier lors de mon dernier séjour au Havre;
mais je n'en avais pas encore rempli les fonctions.
M. Battel avait toujours été notre chef; je savais
qu'il avait intention de se retirer; mais je ne pen-
sais pas que ces messieurs voulussent me charger
déjà d'une aussi grande responsabilité.

« Vous voulez plaisanter, monsieur Benjamin,
lui répondis-je; si vous vous embarquez, vous ne
pouvez le faire qu'avec le titre de capitaine,
puisque vous êtes reçu depuis longtemps capitaine
au long cours, et que vous êtes propriétaire du
bâtiment; c'est donc moi qui serai sous vos ordres,
et non pas vous sous les miens. (J'ai oublié de
vous dire que M. Benjamin était reçu depuis cinq
ans capitaine au long cours, et que dans la dernière expédition où il se trouvait, il avait navigué
en cette qualité.)

— Nous arrangerons cela pour le mieux, me

répondit-il, quand le moment sera venu. Seulement rappelez-vous que le navire ne m'appartient
que pour une partie; le reste est à mon associé,
et il ne tient qu'à vous d'en être copropriétaire
également. Si cette expédition réussit comme les
autres (et pourquoi ne réussirait-elle pas avec un
équipage parfaitement composé?), vous pourrez à
peu près doubler vos capitaux ; ce qui avec votre
part de capitaine, car je tiens à ce que vous le
soyez, vous constituera au retour une somme de
près de cent mille francs. En attendant, vous
m'aiderez de votre vieille expérience pour les
emménagements intérieurs de notre navire et
pour son installation définitive (1).

Tout cela était bien séduisant, et je dis à
M. Benjamin que j'étais prêt à faire tout ce qu'il
voudrait.

Il me mena voir le nouveau navire, qui venait

(1) On appelle *emménagement* dans un navire la distribution
intérieure des chambres, cabanes, soutes, magasins, etc.
L'*installation*, qui, dans le langage du monde, s'applique aux
individus, en marine s'applique aux choses. L'*installation* sur
un navire, c'est le parfait arrangement de tout ce dont il est
muni pour naviguer, c'est son économie intérieure. Un marin
est bien ou mal *installé,* suivant que son gréement, ses emménagements, ses appareils sont plus ou moins commodément
disposés pour le service auquel il est destiné, et pour l'ordre et
la bonne tenue de leur aspect.

4*

d'être lancé il y avait quinze jours à peine. Il était
déjà mâté, et de nombreux ouvriers travaillaient
à son gréement (1). Rien n'était beau comme ce
magnifique navire, dont les proportions avaient
été calculées pour le rendre tout à la fois excellent marcheur, et capable de porter un chargement de cinq cents tonneaux (le poids du tonneau
marin est de mille kilogrammes). J'admirai surtout les pirogues destinées à la poursuite et à
l'attaque de la baleine. Sans être aussi légères
que les embarcations généralement connues sous
ce nom, elles étaient construites avec élégance,
et pouvaient se manœuvrer indifféremment à la
voile ou à la rame.

L'installation complète du navire, la compo-
sition de l'équipage et tous les préparatifs nécessaires pour une longue expédition, durèrent environ deux mois.

Quelques jours avant le départ, M. Benjamin
me signifia formellement que j'aurais le commandement en premier du navire, et qu'il ne serait
que mon capitaine en second, me déclarant que
si je ne souscrivais pas à cet arrangement, qui

(1) Le *gréement* est l'ensemble de cet édifice aérien de mâts
et de cordages qui se dresse sur un navire pour lui donner le
mouvement.

convenait à tous ses associés, il refuserait de s'embarquer. « S'il s'agissait, me dit-il, d'une simple navigation ordinaire, je crois sans doute que je m'en tirerais aussi bien que vous; mais pour la pêche de la baleine vous avez acquis, au dire de tous nos marins, une expérience qui vous place hors ligne. Ainsi, jusqu'à ce que nous ayons atteint les parages où commencent nos opérations, je partagerai avec vous le commandement et la direction du navire; mais une fois arrivés dans ces parages, je ne serai plus que votre subordonné. »

Il fallut bien céder, et j'acceptai cet arrangement.

Lorsque, à la veille du départ, j'allai faire mes adieux à M. Berton père, il me recommanda, avec la même sollicitude qu'il l'avait fait dix à douze ans auparavant, de veiller sur son fils comme si c'était mon frère,

Je fis au vieillard toutes les promesses qu'il voulut; mais je lui fis en même temps observer que M. Benjamin avait acquis, depuis l'époque qu'il me rappelait, une expérience et une habitude de la navigation qui en faisaient à mes yeux un marin accompli.

La jeune femme de Benjamin, qui se trouvait

avec son beau-père, renchérit encore sur les recommandations de celui-ci. « S'il avait voulu me
croire, me dit-elle, il n'aurait pas entrepris ce
voyage, car je ne sais quels pressentiments funestes me tourmentent à ce sujet. Si vous n'aviez
pas fait partie de l'expédition, monsieur Maulny,
je ne sais pas si mon mari serait parti, car je
m'y serais opposée de toutes mes forces; mais
j'ai en vous toute confiance, et j'espère que vous
ne le laisserez pas s'exposer témérairement au
danger.

— Madame, lui répondis-je, je m'étonne que
vous, fille, sœur et femme de marins, vous vous
laissiez aller à de semblables craintes. Monsieur
votre mari n'est plus un enfant; je l'ai vu à l'œuvre
dans des circonstances difficiles, et je puis vous
affirmer qu'il n'a plus l'imprudence et la témérité
qu'on avait peut-être le droit de lui reprocher
dans sa jeunesse; aujourd'hui, au contraire, il est
calme, de sang-froid, et possède en toute occasion
les qualités d'un excellent officier de marine.

— Je vous crois; mais cela ne suffit pas pour
calmer mes alarmes. Vous êtes l'homme, parmi
tous nos marins, pour qui mon mari a le plus de
déférence et d'amitié; il me l'a cent fois répété,
et je suis persuadée que vous exercez sur lui un

grand empire. Je vous renouvelle donc la prière de mon beau-père, de veiller sur mon mari comme sur votre propre enfant. »

Je le lui promis également.

« Adieu, me dit-elle avec des larmes dans la voix ; je vous confie mon mari, et vous m'en répondez. Que le bon Dieu et la sainte Vierge vous protégent l'un et l'autre !

— Amen ! » dis-je, et je m'éloignai fortement ému.

Le lendemain de grand matin, tout se disposait à l'appareillage (1) à bord du *Cachalot* (c'était le nom de notre baleinier). J'ai assisté bien souvent à des scènes de cette nature, et toujours elles ont fait sur moi une vive impression. Celle-ci, je ne sais pourquoi, me remua plus profondément que toutes celles auxquelles j'avais pris part soit comme acteur, soit comme témoin. Les moindres détails m'en sont restés présents à la mémoire, et je ne puis résister au désir de vous en retracer quelques-uns.

Le départ est un des tableaux les plus animés de la vie maritime ; c'est le début d'une suite

---

(1) *Appareiller,* c'est préparer un navire pour quitter le lieu où il est. Par extension, ce mot signifie quelquefois lever l'ancre, déployer les voiles pour partir, partir.

d'événements inconnus dont le dénoûment peut
être heureux ou fatal ; c'est la réunion et la première mise en œuvre de tous les moyens qui
doivent concourir à l'exécution d'une entreprise,
dont le résultat peut être la ruine, la fortune,
l'existence, la mort de plusieurs individus. C'est
au départ que tout se rassemble, hommes et
choses. Quelles scènes animées et bruyantes il
provoque ! Voilà le quai, voilà notre *Cachalot*
qui s'élève majestueusement au milieu du bassin ;
ses pavillons claquent et battent l'air au sommet
de ses mâts ; M. Benjamin et moi, debout sur les
pavois, ainsi que les autres officiers, nous croisons
en tous sens nos ordres précipités ; le pont du
navire est encombré de cordages ; les mousses
sont assis sur les vergues, attendant que le cri de
larguer les voiles leur fasse lâcher le dernier lien
qui les tient retroussées ; les fournisseurs s'amas-
sent sur le quai ; le boucher embarque avec effort
les broches chargées de viandes saignantes et tuées
au dernier moment, afin que la conservation en
soit plus durable ; le boulanger fait sauter de main
en main ses tourtes qui décrivent des arcs dans les
airs ; le marchand de légumes encombre le gaillard d'avant de choux et de bottes d'oignons ; les
poules et les canards, ballottés dans les cages ren-

versées, s'étouffent, crient à couvrir toutes les
voix d'hommes; par-ci, par-là, un chou, un pain,
un canard tombe à l'eau ; le navire , mal amarré
sur des cordages provisoires, s'approche et s'écarte
du quai d'où toutes ces choses semblent le prendre
d'assaut. Ces hommes qui se meuvent en tous
sens sur le pont, ce sont des gens du port qui
vont abandonner le navire quand son équipage
de campagne en aura pris possession. Mais les
matelots sont retardataires ! Le cabaret du coin
leur verse les dernières rasades ; chaque buvette
de leur chemin a marqué par une libation les pas
de leur route ; adieu celui-ci, adieu celle-là ! à ta
santé ! à la sienne ! Embarque , embarque ! le
navire largue ses voiles ; les câbles qui le retien-
nent font effort contre les vents qui veulent l'entraîner. A bord ! à bord ! Voilà les coffres des
matelots, le matelot et son coffre sont les derniers
venus. Embarque! Qui est-ce qui manque encore
à l'appel ? Le pilote nous presse ; allons, tout est
prêt, ou, pour me servir de l'expression technique,
tout est *paré* (1). Allons! largue les huniers! Adieu

(1) *Parer* est une abréviation de préparer, synonyme de prêt,
de disposé à une chose. Ce mot a aussi une autre signification
plus naturelle : on l'emploie souvent pour dire éviter. Ainsi,
parer un cap, c'est le doubler; *parer* un rocher, un écueil, un
choc, c'est s'en écarter.

vous autres! dites bien à ces personnes toutes les choses dont on vous a chargés! Et cette commission qui fait rire, et cette recommandation qui jette une larme dans la paupière!..... Ah! bah! oublions la terre! la brise est fraîche et favorable, le soleil haut; le *Cachalot* en frémit d'aise. Le quai fuit doucement contre la coque où se cramponnent encore quelques traînards..... Les mains se joignent avec effort dans une dernière pression..... Au revoir! adieu! bon voyage et prompt retour!

Je regardais ces scènes, ces adieux, avec un sourire mélancolique. M. Benjamin, uniquement occupé des mille détails du départ, ne paraissait rien voir, rien entendre de ce qui se passait autour de lui. Il n'avait pas voulu que sa femme ni son père l'accompagnassent à bord, sous prétexte que leur présence le gênerait pendant l'appareillage ; mais, en réalité, il voulait leur épargner et s'épargner à lui-même ce moment si déchirant de la séparation, en présence d'importuns et d'indifférents.

Enfin la terre s'éloigna peu à peu. Quand le soir arriva, tous les vivres qui encombraient le pont avaient été rangés par le cuisinier et le maître d'hôtel. Les matelots avaient pris leur costume de mer ; les officiers inspectaient la mâture ; les pavillons étaient descendus sur leurs drisses; tout s'harmoniait, se rangeait, s'apprêtait pour le large ; le vent était frais ; les lames curieuses se dressaient près du navire comme pour voir qui elles portaient, et les vapeurs de la nuit baignaient la côte que presque aucun de nous ne reverrait jamais !...

Une fois au large, nous fîmes prendre à notre navire diverses allures, afin d'essayer sa marche et de connaître comment il se comportait à la mer. Il se tira à merveille de ces différentes épreuves, et nous eûmes la satisfaction de nous assurer que nous avions un excellent navire, qui gouvernait parfaitement (1), et qui était très-bon marcheur. Ces expériences augmentèrent la confiance de l'équipage, et répandirent un joyeux entrain parmi les matelots.

Ni les jours suivants, ni les semaines, ni les mois ne démentirent cet heureux début, et jusqu'au cap Horn nous eûmes une navigation à souhait. Nous doublâmes même ce redoutable cap sans trop de difficulté ; mais les gros temps nous attendaient à notre entrée dans la mer Pacifique. Je ne sais en vérité et je me suis souvent demandé pourquoi on lui a donné ce nom; le fait est que les

---

(1) On dit qu'un navire gouverne bien ou mal, selon qu'il obéit bien ou mal au gouvernail.

5

tempêtes y sont tout aussi fréquentes et souvent
plus terribles qu'ailleurs. J'en ai fait malheureusement la triste expérience.

Après une quinzaine de jours de rudes fatigues,
quand la mer se fut calmée, nous étions tous sur
les dents ; mais nous eûmes la satisfaction de voir
que notre navire n'avait pas éprouvé la moindre
avarie, et qu'il avait supporté à merveille les
coups de mer et les coups de vent. Cependant
nous jugeâmes à propos, M. Benjamin et moi,
de relâcher quelques jours à Valdivia pour nous
procurer des vivres frais et pour laisser un peu de
repos à nos hommes.

Valdivia est une petite ville de la côte du Chili,
qui n'a de remarquable qu'un port excellent, le
meilleur peut-être des deux Amériques. Nous y
séjournâmes pendant une quinzaine, et le petit
nombre de nos malades, descendus à terre, re-
couvrèrent promptement la santé. Nous achetâmes,
à des prix très-raisonnables, des bœufs, de la volaille et de fort beaux moutons.

J'avais plusieurs fois relâché sur la côte du Chili,
mais à Valparaiso ou à la Conception ; c'était la
première fois que je visitais Valdivia. Cette ville
ne saurait entrer en comparaison avec les deux
autres, avec Valparaiso surtout, l'une des places

marchandes les plus importantes de l'Amérique du
Sud ; aussi ne parlerais-je pas de Valdivia si je
n'avais eu occasion d'y rencontrer ce que je n'avais
pas vu ailleurs, je veux dire des descendants des
anciens habitants du Chili, restés indépendants,
et qui n'ont jamais subi le joug ni des Espagnols
conquérants, ni de la moderne république du
Chili. Ce peuple, que les Espagnols nomment
Araucans ou *Araucanos,* et qui se donnent à eux-
mêmes le nom de *Molouches,* qui dans leur langue
signifie *guerriers,* ou celui d'*Aucas,* qui veut dire
hommes francs ou *libres* (1). Ce peuple n'a jamais
été dompté ; il est le seul, sur la surface des deux
Amériques, qui se soit maintenu chez lui en opposant la force à la force. Les *Molouches* ou *Arau-*
cans occupent toute la partie méridionale du Chili,
d'une étendue de six cents kilomètres de longueur
sur environ cent vingt de largeur, depuis le fleuve
de Bio-Bio, vers le 36° degré, jusqu'à l'archipel de
Chiloé, vers le 41° degré : c'est ce qu'on appelle
le *Chili indien* ou partie indépendante. Autrefois

---

(1) N'est-ce pas un curieux rapprochement à faire entre ces
noms et ceux des ancïens Germains? *Guer-man* ou *Ger-man,*
signifiait *homme de guerre, guerrier,* et une tribu nombreuse
des Germains portait le nom de *Francs,* c'est-à-dire hommes
libres.

les Espagnols avaient construit plusieurs villes,
dont les noms figurent encore sur les cartes, mais
dont aujourd'hui on chercherait en vain l'empla-
cement : c'étaient Villarica, Impériale, Canete,
Angol, Chillan, Osorno et Valdivia. Les deux dernières seules subsistent, les autres ont complète-
ment disparu; encore, en deux ou trois circonstances, Valdivia et la Conception même sont
tombées au pouvoir des Araucans, qui les ont entièrement détruites; mais aujourd'hui ces villes
sont entourées de fortifications suffisantes pour les
mettre à l'abri de pareilles catastrophes.

Pendant la paix (et elle régnait au moment de
notre relâche à Valdivia), les femmes indiennes
fréquentent les villes espagnoles voisines de leur
territoire; elles y apportent des fruits, des légumes,
du poisson et de la volaille, qu'elles échangent
contre des marchandises à leur usage, et surtout
contre le sel, dont la plupart des tribus molouches
manquent complétement.

Les jeunes gens, désignés sous le nom de *mo-
sotones*, fréquentent également les mêmes villes,
en temps de paix, dans l'espoir d'y trouver des
étrangers qui les prendront pour guides, moyen-
nant un salaire convenu; ce sont, à ce qu'on
nous affirma, des conducteurs fidèles et intelli-

gents. Cette assurance donna à M. Benjamin l'idée
de visiter quelques-uns des villages et de voir de
près ces guerriers redoutables. Je voulus m'opposer à ce projet; car j'avais tant entendu parler
de la cruauté et de la barbarie de ces peuples,
que c'était, selon moi, s'exposer à un danger
réel sans nécessité et uniquement pour satisfaire
une fantaisie. Mais il insista, et le voyant décidé:

« Eh bien ! lui dis-je, je vous accompagnerai.

— Comme il vous plaira, répondit-il ; en ce cas,
ne perdons pas de temps et partons. »

Celui qui nous avait donné de si bons renseignements sur les guides était un négociant de Valdivia qui nous avait vendu une partie de nos pro-
visions. Quand nous lui eûmes fait part de notre
projet, il nous offrit d'être du voyage, parce qu'il
était allié avec un chef indien, dont il avait reçu
le *marry-marry,* ce qui lui permettait de nous protéger. Il nous expliqua alors que quand un chef
indien envoyait ce qu'ils appellent le *marry-marry*
ou le salut à un blanc, celui-ci pouvait compter
sur son amitié, et même sur son alliance en temps
de guerre.

Le village occupé par ce chef était environ à vingt
kilomètres de Valdivia. Nous louâmes des chevaux, deux guides ou *masotones,* et nous arrivâmes

avant la nuit au village ou plutôt au campement
du chef allié de notre Valdivien. En effet, la plupart de ces tribus sont nomades ; leurs villages ne
sont qu'une réunion de cabanes construites très-
légèrement, dans une contrée favorable au pâtu-
rage de leurs nombreux troupeaux, et quand le
sol est épuisé, on enlève les cabanes et ils vont
chercher ailleurs de nouveaux pacages.

L'hospitalité est une vertu des Araucans comme
de la plupart des peuples nomades. Le chef nous
reçut avec gravité, et après les cérémonies, que je
pourrais appeler de la présentation, notre hôte
nous convia à un repas composé de viande de
mouton et de bœuf, de *charque* (viande broyée),
de volaille, de poisson, et de *milcow*, pâte faite
avec des citrouilles ou des pommes de terre pétries
dans du lait. Il nous offrit du vin, acheté à Valdivia, mais il ne but que du *cici*, boisson du pays,
faite avec du maïs et des fruits fermentés.

Nous passâmes la nuit couchés sous une espèce
de hangar, sur de la paille de maïs et enveloppés
dans nos manteaux, et nous repartîmes le lendemain de manière à être rendus à bord avant la nuit.

Le peu de temps que j'ai passé chez ce peuple
peu connu n'a pu me le faire apprécier convenablement ; mais ce que j'en ai vu, ce que j'en ai

appris d'ailleurs, a suffi pour m'en donner une idée assez exacte. Voici en peu de mots le résumé de mes observations.

Les Araucans ont une taille élevée, mais des formes peu agréables ; ils ont le visage aplati et les pommettes saillantes comme les Mongols, le regard féroce et méfiant, le teint cuivré ou d'un brun rougeâtre, le nez court, la bouche grande, le menton épilé, et une longue chevelure noire qui leur tombe sur les épaules comme celle de nos bas Bretons. Ils sont robustes, adroits et excellents cavaliers. Les premiers ils se sont occupés à dompter ces chevaux espagnols dont la race sauvage s'était prodigieusement multipliée depuis la conquête. Une simple lanière de cuir leur sert de bride, une peau ou un morceau d'étoffe leur tient lieu de selle ; quelques-uns cependant, mais en petit nombre, font usage d'étriers en bois et de selles grossières assez semblables à celles dont on se sert pour les mulets. Leurs armes de guerre consistent en flèches, lances, massues et *lazo*. Les Européens leur ont procuré quelques armes à feu, mais ils en font peu de cas ; c'est la lance qu'ils préfèrent à tout, aussi s'en servent-ils avec une dextérité prodigieuse. Cette arme, dont le fer a quelquefois soixante centimètres de long, est emmanchée d'une tige de bambou longue

et pleine. Ils manient également le *lazo* avec une
grande habileté, le faisant tournoyer sur leur tête
jusqu'à ce qu'ils aient jugé le moment favorable
pour lancer les terribles *bolas* (1), et arrêter ainsi
dans sa fuite l'ennemi qui se croyait déjà hors de
tout danger. L'Araucan combat sans ordre et sans
tactique, à la manière des Cosaques. Il se suspend
quelquefois à la crinière de son cheval, se cache
derrière son flanc, et, la lance en arrêt, il se pré-
cipite sur son adversaire et le frappe avant de se
montrer. Ses armes défensives consistent en cui-
rasse, bouclier et casque de cuir.

Les Araucans cultivent le maïs, le blé et autres
céréales ; quelques plantes potagères, le chou, la
rave, le navet; plusieurs arbres utiles; la vigne,
le tabac, le cotonnier et le psoralier-coulon. Les
hommes et les femmes bêchent la terre, les femmes
seules ensemencent et récoltent. La principale occupation des premiers, en temps de paix, est de
courir, le lazo en main, après les chevaux et les
taureaux sauvages. Les chevaux, comme nous
l'avons dit, sont issus de ces beaux coursiers cas-
tillans et andalous que les Espagnols introduisirent
dans le nouveau monde. Ils y ont multiplié prodi-

(1) Ce sont des boules placées à l'extrémité du lazo, et qui
servent à l'enrouler autour de l'objet sur lequel il est lancé.

gieusement, et n'ont rien perdu ni de leurs qualités,
ni de leur beauté.

Les femmes des Araucans se livrent avec quelque
succès à la fabrication des étoffes. Les *ponchos*,
qui forment la pièce principale du vêtement des
guerriers, sont leur ouvrage. Le poncho est un
morceau d'étoffe de laine de trois mètres soixante
centimètres de long sur deux mètres et demi de
large, percé au centre d'une ouverture assez
grande pour qu'on puisse y passer la tête, et
destiné à couvrir les épaules et le haut du corps
jusqu'aux hanches. Ce vêtement, qui peut servir
de manteau pendant le jour et de couverture pendant la nuit, a maintenant été adopté dans tout le
Chili. Les ponchos araucaniens, tissés avec la laine
du guanaco, le chamois des Alpes, sont très-es-
timés. La fabrication d'un poncho de luxe occupe
une femme pendant près de deux ans et vaut cent
dollars (cinq cents francs). Il est ordinairement
bleu-turquoise ; c'est la couleur favorite des Chi-
liens, qui l'extraient de diverses substances végé-
tales. Les autres couleurs sont le jaune, le vert et
le rouge.

Pour avoir une idée du costume d'un Araucan,
il faut joindre au poncho, qui est la partie essen-
tielle de ses vêtements, comme le burnous l'est pour

l'Arabe, il faut joindre une veste qui descend jusqu'à la ceinture, une culotte courte, une ceinture de cuir, un chapeau en pain de sucre, des sandales de peau nommée *ojotes*, et quelquefois une paire d'éperons. Les femmes vont la tête et les pieds nus; elles portent des robes longues, ordinairement bleues, sans manches et ouvertes sur le côté. Un manteau de même couleur, retenu sur les épaules par des agrafes d'argent, des bracelets et des pendants de même métal, complètent à peu près leur costume.

Il paraît que les missionnaires catholiques ont échoué dans leurs efforts pour la conversion de ces peuples, qui ont conservé, dit-on, les anciennes superstitions et la religion des Incas du Pérou, leurs anciens voisins et qui avaient tenté vainement de les conquérir. J'aurais encore beaucoup de choses à vous dire sur leur gouvernement, leur législation, leur manière de faire la guerre, leurs usages, leurs connaissances, leur langue, qui passe pour l'ancien chilien, proprement dit, et qui, assure-t-on, est douce, harmonieuse, expressive, régulière et riche. Mais je n'ai appris tout cela que par ouï-dire, et vous trouverez dans certains livres des renseignements beaucoup plus complets que ceux que je pourrais vous fournir.

Toutefois je vous en ai assez dit pour vous donner

une idée de la nation belliqueuse des Molouches ou Araucans. On ne peut lui refuser la première place parmi les peuples indigènes qui, à l'époque de l'invasion européenne, ne s'étaient pas élevés déjà à un état de civilisation complet; mais qui sait si elle ne l'eût pas atteint également sans l'arrivée de ces Européens affamés d'or, qui, tranchant avec le glaive les liens sacrés de l'humanité, ont fourni aux Américains des motifs légitimes de haine, de discorde et de destruction?

CHAPITRE VI

Départ de Valdivia. — Pêche de la baleine sur les côtes du Chili. — Séjour dans la baie de Talcahuano. — Description d'une chasse et de l'attaque d'une baleine dans cette baie.

Le lendemain de notre visite aux Araucans ou *Araucanos*, nous nous préparâmes à quitter le port de Valdivia et à nous livrer activement à la pêche de la baleine; car nous étions arrivés dans les parages qu'elle fréquente, et la saison était favorable. Nous avions déjà même dépassé des points où les baleiniers, après avoir doublé le cap Horn, commencent cette pêche, tels que dans les environs de l'île de la Mère-de-Dieu, et dans l'archipel de Chiloé ; mais le temps était encore trop mauvais, les vivres frais commençaient à nous manquer, nos hommes étaient harassés de fatigue, quelques-uns même étaient malades : circonstances qui nous avaient déterminés, comme je l'ai dit, à relâcher à Valdivia.

Quinze jours de repos avaient rendu la santé, le courage et les forces à notre équipage. Nous quittâmes Valdivia pour nous rendre à la grande baie de Talcahuano, à quelque distance de la ville de la Conception, baie ordinairement très-favorable à la pêche. Nous fîmes route en longeant la côte du Chili, et sans la perdre de vue ; nous avancions lentement, dans l'espoir de rencontrer quelques baleines sur notre route.

Depuis notre départ de Valdivia, toutes nos dispositions étaient prises pour commencer nos opérations. M. Benjamin, comme il l'avait annoncé avant notre embarquement, m'avait remis le commandement du navire, que nous avions jusque-là à peu près partagé. Les pirogues, toutes armées, étaient suspendues à l'arrière du navire, chacun était à son poste, attendant avec impatience que la *vigie* (1) placée au haut du mât nous signalât l'ap-

_____

(1) La *vigie* est la sentinelle placée dans la mâture ou sur un

parition d'une baleine dans le voisinage. La mer
était unie comme une glace, un brillant soleil res-
plendissait dans l'azur du ciel ; les Andes du Chili,
parfaitement dégagées, bornaient l'horizon à l'est,
et présentaient le tableau d'une série de montagnes
majestueuses, dont l'élévation dépasse de beaucoup celle des Alpes européennes. Leurs bases sont
recouvertes par de riches tapis de verdure, leurs
flancs nus sont diaprés des plus vives couleurs du
granit, et leurs têtes sublimes se cachent sous une
neige éblouissante.

Tandis que mes yeux ne pouvaient se détacher
de ce magnifique tableau, les cris de : « Une baleine
sous le vent à bâbord ! » retentirent sur l'avant du
bâtiment, et furent répétés avec enthousiasme par
tout l'équipage. M. Benjamin voulut, pour cette
première rencontre, commander la première pirogue qui se lança à la poursuite du cétacé. Je le fis
suivre de trois autres pirogues montées par nos
meilleurs marins ; en même temps je fis mettre le

point convenable pour veiller sur tout ce qui se passe alentour du
navire jusqu'à l'horizon. Elle signale l'approche des bâtiments,
ou toutes les situations de ceux qui sont rapprochés du point
d'observation. L'homme de vigie est donc l'œil du vaisseau, sa
sentinelle avancée et l'éclaireur de sa marche. A bord d'un baleinier, c'est lui qui signale l'apparition d'une baleine quelquefois éloignée encore de plus de quatre kilomètres.

cap dans la direction où l'on avait aperçu la baleine, et le navire suivit à petites voiles nos embarcations.

C'est beau à voir, toutes ces pirogues, les unes vertes, les autres blanches, avec de brillants cordons rouges ou jaunes, suivant le caprice ou le goût de chacun des chefs; tous ces marins penchés sur leurs longues rames, à demi nus, se dépouillant de tout vêtement incommode; notre grand navire qui suit, autant que le permet le vent, la course de ces embarcations sorties de son sein et qu'il protége; puis, se montrant d'instant en instant à la surface de l'eau tourmentée, ce gigantesque poisson, dont l'attouchement brise, dont la colère anéantirait d'un seul coup toutes ces pirogues courageuses; monstre puissant sans connaître sa puissance, qui n'est dangereux que par les hasards de ses mouvements, et que l'adresse d'un seul homme va vaincre; gigantesque cétacé dont la blessure, causée par la main d'un seul homme, va rougir la mer sous des flots de sang, et qui mourra bientôt d'un coup qui, porté dans certaines parties, ne tuerait pas un homme! c'est une belle joute!

Je suivais avec anxiété la pirogue commandée par Benjamin : elle devançait toutes les autres de près d'un demi-mille. Armé de ma longue-vue, je la vis s'approcher par un des côtés de la baleine, je vis le harponneur lancer son harpon, et j'entendis presque aussitôt, malgré la distance, les vivat et les hourras des marins. Deux heures après la baleine était morte, et flottait sur la mer comme un navire submergé. Notre bâtiment s'en approcha pour épargner aux pirogues la fatigue de la remorque, et bientôt le monstre fut fortement amarré à tribord. Alors commença le travail de dépècement et la fonte de la graisse que je vous ai décrit plus haut.

Je félicitai M. Berton (je ne l'appelais Benjamin qu'entre nous), en présence de son équipage, de son brillant succès, succès qui était d'un heureux présage pour le reste de l'expédition. Mais en particulier je le priai de ne plus s'exposer aux dangers de cette pêche, d'abord parce que ce n'était plus dans ses fonctions, puis parce qu'il se laissait souvent entraîner à des actes d'une témérité dangereuse. Ainsi, dans l'attaque qui avait eu lieu, je l'avais vu frapper avec une pelle tranchante la queue de l'animal, au moment où il s'enfonçait dans la mer après avoir été harponné. Ce coup avait réussi, et avait empêché la baleine de fuir aussi loin et aussi vite qu'elle aurait pu le faire; mais s'il

l'eût manquée ou s'il ne l'eût atteinte que légèrement, il s'exposait à voir sa pirogue brisée et
peut-être tout l'équipage broyé d'un seul coup de
cette queue formidable. Ces accidents n'arrivent
guère que par l'imprudence ou la témérité des
marins. En effet, la baleine n'a nullement l'instinct
de sa défense. Si elle brise, si elle tue, c'est parce
qu'on s'est imprudemment exposé à ses coups, en
se mettant en dedans du cercle nécessaire à ses
mouvements calmes ou irrités. La baleine ne pour-
suit pas, ne frappe pas pour détruire; en la touchant
on se blesse parce qu'elle est forte; c'est le poids
de sa queue, de ses nageoires, et non l'action
qu'elle leur donne, qui doit être redouté; elle n'a
point le sentiment de sa puissance, ni celui de la
faiblesse de ses agresseurs : c'est un rocher contre
lequel on se brise.

« Je sais tout cela, mon cher Maulny, me répondit-il; mais il fallait bien montrer l'exemple et
encourager nos gens. Du reste, je vous sais gré de
votre sollicitude, et je vois avec plaisir que vous
n'avez pas oublié les recommandations de mon père
et de ma femme; vous pouvez maintenant être
pleinement rassuré; je ne ferai plus désormais le
métier de chef de pirogue, et je m'en tiendrai aux
fonctions de capitaine en second. »

Le surlendemain, nous prîmes une seconde baleine, et le jour suivant une troisième à l'entrée même de la baie de Talcahuano, où nous nous rendions. Cette baie, formée par la presqu'île du même nom, est une des plus belles et des plus sûres du nouveau monde. Elle n'a pas moins de douze milles (1) de longueur sur neuf de largeur. Le mouillage y est bon presque partout, et l'on y est à l'abri de tous les vents, excepté des vents du nord, dont l'action même est affaiblie par un îlot placé à l'entrée.

En entrant dans la baie, nous aperçûmes, dans différentes directions, un assez grand nombre de baleines pour nous faire espérer que nous trouverions sur ce point de quoi compléter notre chargement. Ce spectacle et cet espoir remplirent d'allégresse le cœur de nos marins. Il était trop tard pour nous occuper ce jour-là de donner la chasse à notre proie ; mais elle ne pouvait nous échapper, enfermée qu'elle était comme dans un parc. Nous

(1) En navigation, le chemin se mesure par tiers de lieue, appelé *mille ;* cette proportion équivaut à une minute de l'équateur. Ainsi la marche d'un navire, comptée à chaque heure oe chaque durée de quart, est résumée en *milles.* Les marins se servent de la même expression pour indiquer les distances d'un lieu à un autre. La baie de Talchuano a donc seize kilomètres du long sur douze de large.

5*

songeâmes seulement à prendre un bon mouillage afin de commencer le lendemain nos opérations. Nous jetâmes l'ancre à deux milles environ de la bourgade de Talcahuano, appelée aussi Talcaguana ou Talcaguano.

Le lendemain nos opérations commencèrent. Jamais, depuis plus de douze ans que je faisais le métier de baleinier, je n'avais vu une pêche aussi abondante ni aussi facile. Pendant la première semaine nous prîmes chaque jour une et quelquefois deux baleines; à la fin de la seconde semaine, nous en avions pris dix-sept. Une brume épaisse qui survint alors et qui s'étendit comme un voile épais sur la mer, nous força de suspendre la poursuite des cétacés. D'abord je ne fus pas fâché de cet instant de répit, qui permettait à l'équipage de se reposer de ses durs travaux des jours précédents. Puis nous n'avions pas terminé tout ce qu'il y avait à faire à bord; la dernière baleine capturée n'était pas encore dépecée, et la graisse de l'avant-dernière prise n'était pas encore fondue.

Ces travaux occupèrent nos hommes pendant deux jours; mais la brume continuait plus obscure et plus dense, et nous forçait, bien malgré nous, de rester stationnaires.

Cette inactivité déplaisait fort aux marins, qui

comptaient sur la prise de trois ou quatre baleines encore pour voir les trois quarts de leurs futailles remplies d'huile, et retirer du fond l'ancre qui tenait le navire à la côte, afin d'aller chercher fortune ailleurs.

Dès ce moment-là, il n'y avait plus rien à faire à bord du *Cachalot*. Tous les morceaux de graisse provenant de la dernière capture avaient été fondus la nuit précédente, et, à l'aide de longs conduits de cuir, cette huile avait été dirigée dans les barriques qui restaient vides dans l'entre-pont.

C'est quelque chose de bien animé, de bien *pittoresque* (comme disait ce jeune et brave Berton), que cette existence de marin baleinier. Je voudrais bien pouvoir vous initier à toutes ses émotions, à ses péripéties de guerre, de course, de fuite et de triomphe; mais mon récit prendrait des proportions trop étendues; je veux seulement vous parler du dernier épisode qui signala la fin de notre séjour dans la baie de Talcahuano.

Avoir été à la pêche de la baleine, c'est presque avoir été à la guerre. Là aussi il y a des dangers à surmonter; il y a de l'ardeur ambitieuse qui fait bondir à la place que le devoir assigne; il y a l'envie qu'on porte à celui que son devoir appelle à combattre l'ennemi corps à corps; il y a plaisir à se rougir de son sang, et fierté à ceux qui remorquent la proie. Ceux que le sort n'a point désignés pour faire partie de l'action, jalousent la part de gloire de leurs camarades; et puis, comme à la guerre encore, il y a des espérances pour le lendemain, des grades à acquérir, et le retour au foyer avec un riche butin.

Mais dans cette vie active du baleinier, tout cependant n'est pas agitation et rudes travaux. Il est des occupations dont le genre est plus facile, et qui se pratiquent comme un repos. La nuit, par exemple, quand les hommes de quart sont seuls autour du vaste fourneau qui recèle les chaudières où l'huile est en ébullition, cette grande clarté qui s'échappe et jaillit par les cheminées et les portes de la maçonnerie, en éclairant bizarrement dans la nuit sombre une partie des voiles, des mâts et des visages des marins, est quelque chose de gai et d'animé. C'est le moment des histoires et des contes de bord. Assis en face du feu, sur le premier objet qu'ils ont à leur portée ou sur le *quindeau* (1), ceux qui restent sans rien faire écoutent

(1) Treuil horizontal, placé à l'avant du navire, en arrière des *écubiers* (trous ronds placés à l'avant du navire pour le passage d'un câble attaché à une ancre). Le *guindeau* sert à lever les ancres, à hisser les fardeaux, à *guinder* les mâts supérieurs, etc.

avidement une aventure de mer contée par un vieux harponneur, un *croque-baleine;* d'autres font cuire dans l'huile bouillante des chaudières quelques pommes de terre ou bien quelques morceaux de biscuit de mer, qu'ils trempent d'abord dans l'eau pour les amollir, et qui, se trouvant saisis par l'huile, deviennent cassants et friables. C'est plaisir alors; toutes ces figures, tournées vers la flamme pétillante, semblent avoir les yeux rouges et le teint enflammé par la joie. On rit, on chante; le travail ne coûte point d'efforts; il se fait sans qu'on s'en aperçoive. Ici ce sont des projets pour le retour à terre, ou au moins pour quelques relâches dans une de ces îles fortunées de la mer Pacifique que l'imagination des marins leur représente comme de vrais paradis terrestres; à côté, ce sont des réminiscences d'anciennes joies dans lesquelles on se retrempe, en cherchant bruyamment à faire partager le superflu d'émotions qu'elles réveillent; ou bien ce sont des quolibets à bout portant, des épigrammes techniques, que je ne pourrais pas et que personne ne pourrait, à mon avis, traduire dans le langage du monde; des comparaisons sur un matelot, sur le compte duquel

Le *cabestan*, qui remplit à peu près les mêmes fonctions, est un treuil vertical, placé ordinairement à l'arrière.

s'exerce le bel esprit du quart.... Quelquefois aussi
l'huile brûle, les chaudières débordent ou le feu
se ralentit; mais l'œil du chef est là, et, au premier
ordre, les hommes qui peu à peu s'étaient groupés
retournent à leurs travaux, et, privés pour un
instant du plaisir de leur conversation interrom-
pue, ils aiment à demander à haute voix les objets
qui leur sont nécessaires, avec gratification d'un
surnom pour celui à qui ils s'adressent..... Mais
pardon, mes enfants, de ces souvenirs que je jette
parfois dans mon récit; je reviens, sans louvoyer
davantage, à l'épisode annoncé.

Dans la matinée du quatrième jour que nous
étions enveloppés par la brume épaisse dont j'ai
parlé, j'étais appuyé machinalement sur la lisse (1)
du *Cachalot,* gravement occupé à fumer ma pipe,
dont la fumée se confondait avec le brouillard qui
m'environnait. Bientôt quelques rayons égarés du
soleil transpercèrent cette lourde et moite vapeur,
qui devint en peu de temps bleuâtre et brillante;
peu à peu, flottant dans nos cordages, comme de
légères écharpes de gaze que la brise fait onduler,
elle devint plus transparente, et enfin le soleil,

(1) Sorte de ceinture en bois, établie de l'avant à l'arrière
d'un vaisseau, pour tenir à leurs places respectives les couples
dressés sur la quille.

se montrant davantage, vint jeter ses rayons sur toutes les petites perles qui diamantaient notre pont et notre mâture; puis la terre apparut bordant l'horizon, et le ciel découvrit sa voûte d'azur.

Depuis le moment où la brume avait commencé à se dissiper, deux jeunes novices étaient montés dans la mâture afin de fouiller du regard la baie dans tous ses recoins, et de s'assurer que pas une baleine n'y était entrée ou restée impunément à la faveur des brouillards.

Chaque harponneur s'approcha de sa pirogue afin d'être certain que tout était prêt en cas de signal.

« Baleine! baleine au vent à nous! » cria du haut du mât d'artimon une voix perçante que la joie rendait toute haletante.

« Où, où? est-elle loin? est-ce une bonne baleine? »

Ces cris se multipliaient; la vigie du mât de misaine, qui venait aussi d'apercevoir l'animal, joignit sa voix à toutes celles qui flottaient déjà dans l'air.

« Je crois qu'il y en a deux.

— La voilà qui court dans le fond de la baie.

— Va-t-elle de l'avant? demandai-je (1).

(1) *Aller de l'avant,* c'est avancer rapidement.

— Non, capitaine ! la voilà comme une planche sur l'eau. Je n'en vois plus qu'une.

—Allons, leste, enfants ! amenez deux pirogues, » ajoutai-je en enfonçant mon chapeau ciré sur mes oreilles, et me disposant à monter quelques enflé-chures (1) pour voir par moi-même.

« Embarque ! embarque ! » criai - je aussitôt que je fus élevé à quelques pieds de hauteur.

Et bientôt les deux pirogues de tribord des-cendent sur leurs palans (2) ; la quille effleure la surface à peine agitée de la mer ; les cinq canotiers s'affalent (3) par tous les objets saillants qui sont à l'extérieur du navire.

« Largue tout ! » cria l'officier chargé du com-mandement de l'embarcation.

La pirogue pousse au large.

(1) Les *enfléchures* sont des échelons en menu cordage qui sont fixés transversalement sur les grosses cordes dormantes ap-pelées *haubans,* lesquels descendent de la tête des mâts pour les maintenir de chaque côté du navire.

(2) Les *palans* sont un appareil très-usité dans toutes les œuvres de force qui s'exécutent en marine. Ils se composent d'une ou deux poulies, et d'un cordage souple passé dans ces poulies par des retours correspondants qui unissent les deux poulies et complètent le système. Le palan sert à hisser, enlever, tendre avec force et promptitude les objets soumis à son action.

(3) *S'affaler,* c'est se laisser glisser rapidement de haut en bas par une corde ou tout autre objet.

Équipée de cinq vigoureux rameurs, elle s'é-
carta bientôt de l'endroit où était mouillé le navire.
Légère comme la longue feuille de palmier dont
elle avait la couleur, la frêle embarcation, avec sa
petite voile que balançait la brise naissante, se
dirigea vers une pointe de la baie, du côté de laquelle un des hommes restés en vigie tendait son
bonnet, qu'il agitait en guise de signal. L'autre
pirogue suivait.

« La voici! » s'écria le harponneur, qui depuis
quelques instants avait quitté son aviron pour
observer.....

« Hourra, garçons! »

Aussitôt la petite voile est roulée, chaque ra-
meur s'étend sur son aviron et bout d'impatience.

La pirogue passe comme une flèche.

« Courage, enfants! elles sont bien deux; c'est
la mère et le petit! »

Et en effet, quelques instants après, un bruit
sourd, que connaît si bien l'oreille exercée du marin, annonça aux canotiers qu'ils approchaient du
but de leur désir. L'animal faisait alors un bruit
épouvantable; le déplacement d'eau qu'il occasion-
nait formait un remous qui permettait de suivre
sans erreur sa direction, lors même qu'il s'enfonçait sous l'eau. Mais la seconde fois qu'il reparut à

6

la surface, il lança à vingt pieds en l'air deux longs
jets en forme d'arc, et, montrant sa tête toute
couverte d'insectes marins, il parut s'arrêter entièrement en lançant d'instant en instant par ses
évents une eau rapide, dans laquelle le soleil brillait à éblouir la vue.

En un moment, la pirogue fut à vingt pieds de
la baleine.

« Debout! s'écria l'officier au harponneur, lève
les rames! »

L'impulsion donnée à la pirogue par les coups
d'aviron ayant diminué la légère distance qui séparait nos impatients marins de leur monstrueux
antagoniste, le harponneur fut bientôt à portée
de piquer; et, au commandement qui lui en fut
fait, il saisit un de ses harpons qu'il brandit un instant à bout de bras....; puis, lancé avec force,
le fer tout entier disparut dans le corps de la baleine.....

Se sentant atteint et pénétré, l'animal resta un
instant comme frappé d'inertie; ce ne fût que
quelques instants après que, cherchant sans doute
à se délivrer de la douleur qu'il ressentait, il commença à se rouler sur l'eau, élevant tantôt son
énorme tête, comme pour chercher la cause de sa
douleur, tantôt frappant la surface de la mer avec

ses nageoires, ou bien balançant en l'air sa vaste queue, dont il frappait violemment la surface de l'eau ; il reprit sa course droite, irrégulière, coupée par des angles droits ; il cherchait à fuir la douleur de sa blessure et à rejoindre son petit, qu'on ne voyait plus.

La pirogue, que la ligne fixée au manche du harpon tenait à la baleine, filait avec une étourdissante célérité : c'était à donner des vertiges, à se tourner pour respirer ; le moindre mouvement brusque d'un des hommes eût suffi pour faire chavirer la frêle et rapide barque.

Mais l'officier, qui s'était porté sur l'avant à la place du harponneur, préparait une longue lance avec laquelle il devait achever la baleine, aussitôt qu'elle allait, en lui présentant le flanc, exposer à ses coups une des parties vitales.

Vingt fois la redoutable lance, un instant balancée en l'air, est prête à partir des mains du bouillant jeune homme.... et vingt fois la baleine esquive par hasard le coup mortel que peut-être elle allait recevoir.

« Halez la ligne, enfants ! approchons davantage, que je lui délivre son billet d'enterrement. »

En effet, la baleine ayant ralenti sa course, la pirogue, à l'aide de sa ligne et d'une partie dè ses avirons, s'approcha de l'aileron, et, à une distance d'environ trois brasses, l'adroit marin lança son fer, qui entra de plus d'un mètre dans la partie mortelle.

A ce second coup, sans doute plus douloureux que le premier, le cétacé plongea aussitôt en faisant sous les eaux une route inégale et brisée ; son remous et la ligne qui tenait à la pirogue, indiquaient toujours la direction où l'œil impatient du jeune baleinier désirait le voir paraître.

Ce fut à quelques brasses de leur embarcation que le sein de la mer s'ouvrit pour livrer passage, au milieu du bouillonnement de l'eau, au large dos de la baleine : bientôt elle lança en l'air, par ses deux évents, deux longs jets d'un sang épais....

« Hourra ! s'écrièrent les rameurs ; hourra ! vous lui avez joliment trouvé la saignée, lieutenant ! »

L'autre pirogue faisait des efforts incroyables pour approcher.

On eût pu voir dans chacune des figures de ces braves marins la joie qu'ils éprouvaient d'être seuls spectateurs de l'agonie de leur proie.

« Nage (1) un coup, enfant, nage un coup, que je l'achève avant que les autres s'approchent ! » s'écria le chef de la pirogue avec un accent de joie.

L'animal se débattait alors violemment : il frappait l'eau avec force de son énorme queue, et rougissait au loin la mer, en s'enveloppant dans un tourbillon d'écume toute rose, et produisant un bruit que les échos de la baie se renvoyaient comme des coups de canon.

Cependant le jeune marin profita d'un moment où, fatiguée de sa vaine lutte contre la douleur,.la baleine sembla se résigner à mourir ; avec quelques coups de lance il aggrava les blessures, et bientôt, faisant encore d'inutiles efforts pour fuir, l'animal sillonna de nouveau la mer d'une longue raie de sang ; puis, faisant jaillir par les souffles d'énormes morceaux de sang extravasé, il tourna sur lui-même, et son ventre luisant, marqué de larges taches blanches, se montra à la surface de l'eau rougeâtre. Peu d'instants après la mort de la baleine, la seconde pirogue arriva.

(1) *Nager*, en terme de marine, c'est faire mouvoir les avirons pour imprimer un mouvement à une embarcation.

« C'est une belle baleine, Monsieur, dit au lieutenant le nouveau venu.

— Je le crois bien, elle en vaut deux comme nos dernières. Mais où donc sera passé le petit?

— Il sera sorti de la baie.

— Remorquons-nous?

— Oui, traînons cela à bord, il n'y a guère que deux milles; le capitaine a dû voir ce qui se passait, il va nous envoyer du renfort.

— Oui, et du tafia! » dit un vieux matelot.

Une heure après, la grosse baleine était solidement amarrée contre le *Cachalot,* et un hourra vigoureux s'élança des vastes poitrines de quarante marins montés sur les lisses et dans les haubans.

« Mousse! s'écria M. Berton, la goutte à notre monde, et double ration; car la prise d'aujourd'hui en vaut deux. »

Puis on procéda au dépècement de la baleine, et à la fonte de sa graisse dans les chaudières, comme je vous l'ai indiqué.

Le lendemain, dans la nuit, vous auriez pu entendre, si vous aviez été à quelque distance du *Cachalot,* les voix éraillées des matelots qui chantaient en virant leur ancre; celles en fausset des mousses et des novices, qui répondaient en larguant les voiles : tout cela se dessinant d'une manière fantastique aux lueurs mourantes du foyer qui avait consumé notre dernière prise.

Au point du jour nous appareillions et nous sortions de la baie pour continuer notre route dans la direction de Valparaiso.

CHAPITRE VII

Effets d'un tremblement de terre ressentis en mer. — Pirogue entraînée par une baleine; perte des six marins qui la montaient. — Consternation causée par cet événement. — Un coup de vent. — Je suis blessé par la chute d'un mât. — Un homme à la mer. — Six hommes perdus pour un.

Jusqu'à ce moment notre voyage avait été des plus heureux, et nous avions fait, dans la baie de Talcahuano, une pêche vraiment exceptionnelle et qui, au dire des plus vieux baleiniers, pouvait passer pour merveilleuse. Mais à peine étions-nous sortis de cette baie, que des accidents fâcheux et de tristes événements vinrent successivement nous assaillir.

Nous avions mis le cap au nord et nous conti-
nuions à longer les côtes du Chili, dans l'espoir
d'y compléter notre chargement par la capture
de dix à douze baleines qui nous manquaient
encore. Ceci nous semblait chose facile, et dans
tous les cas, si nous ne trouvions plus de baleines
près des côtes, nous en pourrions rencontrer en
gagnant les archipels de l'Océanie, ou au pis aller
à notre retour dans les environs du cap Horn, ou
aux îles Malouines.

Le surlendemain de notre départ de la baie de
Talcahuano, nous fûmes tout à coup enveloppés
d'une brume aussi épaisse que celle que nous
avions éprouvée dans cette baie; mais elle était
plus lourde, plus intense, et ne laissait paraître
pendant le jour qu'une lumière blafarde. La nuit
était des plus noires; seulement de temps en
temps des éclairs rouges sillonnaient l'horizon
à l'est, et loin de dissiper l'obscurité, quand ils
avaient disparu ils la rendáient plus profonde.
Un roulement sourd et continuel, comme celui
d'un tonnerre lointain, se faisait entendre dans
la même direction. Le vent était nul; nos voiles
retombaient immobiles le long des mâts. Cependant la mer était houleuse, comme à la suite
d'une tempête; mais ses ondulations, au lieu

de suivre une direction régulière, ainsi que cela
arrive à la suite d'un vent impétueux, semblaient
s'élever du fond de l'Océan par l'effet de quelque
action souterraine, comme si la mer eût été en
ébullition. Tout à coup notre navire, balancé
en tous sens par les vagues, éprouva une forte
commotion; on eût dit qu'il touchait sur quelque
écueil sous-marin; deux secondes s'étaient à
peine écoulées, qu'une secousse semblable se fit
sentir plus forte encore que la première. Les cris
*Nous touchons!... Nous sommes drossés par les
courants!... Les embarcations à la mer!...* se
firent entendre de tous côtés. Un coup de sifflet
du maître d'équipage rétablit le silence, en
même temps que l'ordre de *parer les sondes*
était donné simultanément par M. Berton et par
moi.

Aussitôt plusieurs sondes de dix et de vingt-
cinq brasses furent lancées; elles ne trouvèrent pas
de fond. Deux autres de soixante et de cent vingt
brasses les suivirent, et donnèrent les mêmes résultats. A cette vue, les marins rassurés rirent de leur
frayeur, et les commentaires commencèrent sur
la cause de cette double commotion; car enfin
elle était bien réelle, et le bâtiment avait trém-
blé depuis la quille jusqu'au mât de perroquet.

Les plus anciens matelots affirmèrent que cette secousse provenait de la rencontre de quelque grosse baleine, qui dans sa course vagabonde était venue se *cogner le nez* contre la coque de notre navire. « Elle a dû recevoir un fameux atout, observa un novice, ce qui aurait dû l'empêcher de recommencer comme elle l'a fait presque aussitôt. — Apparemment qu'elles étaient deux qui naviguaient de conserve, reprit celui qui avait émis la première opinion, et c'est l'autre qui nous a touchés la seconde fois. — N'importe, ajouta le vieux harponneur qu'on avait surnommé *Croque-Baleine*, elles ont dû recevoir un fameux atout, comme dit le novice, et éprouver quelques avaries dans leurs *œuvres vives* (1); aussi m'est avis qu'il ne faudrait pas grand effort pour les capturer, si ce satané brouillard venait à se dissiper. »

Tandis que ces conjectures défrayaient les conversations de l'avant du navire, j'avais réuni les officiers à l'arrière, et nous discutions aussi sur le même sujet. Quelques-uns de ces messieurs partageaient l'opinion des matelots ; mais M. Ber-

---

(1) On appelle les *œuvres vives* d'un bâtiment toute la partie de sa carène qui est submergée.

ton et moi nous pensions que cette double secousse éprouvée par notre bâtiment était l'effet
d'un tremblement de terre, qui probablement
s'était fait sentir avec une grande violence sur la
côte voisine du Chili, en même temps qu'aurait
éclaté quelque grande éruption volcanique. J'avais
déjà visité trois fois ces parages, deux fois avec
M. Benjamin, et avec quelques-uns de ceux qui
faisaient encore aujourd'hui partie de l'équipage.
Je leur rappelai qu'à l'un de ces voyages nous
avions observé des phénomènes à peu près semblables; seulement les secousses avaient été moins
fortes que celles que nous venions d'éprouver.
D'ailleurs les tremblements de terre sont, en quelque sorte, une maladie passée à l'état chronique
au Chili; vingt volcans y sont en continuelle fer-
mentation, et chaque éruption est accompagnée de
tremblements de terre qui bouleversent les champs,
détruisent les habitations et renversent même les
villes de fond en comble. Ces secousses se font sentir quelquefois en mer, avec plus ou moins de force
selon le plus ou le moins d'éloignement des côtes.

« Comme la commotion que nous avons ressentie
a été assez violente, dis-je, j'en conclus que nous
sommes plus près des côtes que ne le feraient supposer les indications de la sonde. Aussi, Messieurs,

ajoutai-je en terminant, veillons avec le plūs grand
soin à notre sûreté ; que deux sondes soient toujours à l'eau ; qu'on profite du moindre souffle de
vent pour gagner le large ; car je sais par expérience que les tremblements de terre sont souvent
accompagnés ou suivis de grandes perturbations
atmosphériques, et de violentes agitations de la
mer sur les côtes ; et c'est ce que nous présage surtout la houle extraordinaire que nous ressentons
depuis hier. »

Au point du jour, une brise violente venant du
large dissipa enfin la brume, et nous aperçûmes
la terre seulement à quelques milles de nous. En
même temps, une des montagnes de la chaîne des
Andes vomissait une épaisse colonne de fumée,
du milieu de laquelle on distinguait de temps en
temps des jets de flammes semblables à des fu-
sées, et quelquefois même à la gerbe d'un feu d'ar-
tifice.

Au premier souffle de la brise, nous ma-
nœuvrâmes de manière à nous éloigner le plus
tôt possible de la côte, vers laquelle le vent et
les vagues nous portaient. Heureusement notre
navire était bon marcheur, comme je l'ai dit,
et quoiqu'il nous fallût *bouliner*, c'est-à-dire
lutter contre le vent contraire, en moins de deux

heures nous avions gagné assez au large pour prendre une allure moins fatigante, et courir vent *largue* (1) dans la direction du nord-nord-ouest.

Dans l'après-midi la brise mollit; je fis larguer quelques voiles de plus pour que notre marche ne fût pas ralentie. Vers cinq heures du soir, la vigie cria: «Baleine sous le vent!» A ce cri, l'équipage, électrisé comme à l'ordinaire, attendait avec impatience que j'eusse donné l'ordre de mettre les embarcations à la mer. Je ne sais pourquoi j'hésitais; un pressentiment secret semblait m'avertir que nous étions menacés de quelque malheur.

« Eh bien! capitaine, me dit M. Berton, est-ce que vous avez l'intention de laisser échapper celle-ci?

— Il est bien tard, répondis-je; dans deux heures le soleil sera couché, et il ne serait pas prudent peut-être de tenter une entreprise qui ne sera pas terminée avant l'arrivée de la nuit.

— Et pourquoi ne le serait-elle pas? D'ailleurs le vent est favorable, et nous pouvons suivre faci-

(1) On appelle vent *largue* celui qui frappe le navire par un de ses côtés, plutôt en dépendant de l'arrière que de l'avant. C'est donc un vent favorable, et c'est une des trois allures principales du navire.

lement nos pirogues de manière à surveiller tous leurs mouvements, et à ne pas les perdre de vue, quand même la nuit surviendrait avant que la baleine soit couchée sur le flanc. »

Pendant que nous parlions, le navire, qui marchait grand largue, s'était rapproché du cétacé, et j'entendais les marins crier : « La voilà! la voilà! à cent brasses à peine de nous! On dirait qu'elle ne peut pas aller de l'avant.

— C'est probablement, dit *Croque-Baleine,* une de celles qui ont cogné cette nuit à la muraille de notre navire; elle désire y entrer sans doute, et je m'offre à lui servir d'introducteur.

— Allons, enfants, dis-je, puisque vous le désirez, trois pirogues à la mer, et chassez vivement pour en finir plus tôt.

— *Il n'y a pas de soins* (1), capitaine, répondit *Croque-Baleine,* harponneur de la première pirogue, il n'y a qu'à étendre la main pour attraper cette sardine; c'est moi qui vous en réponds. » Et il s'élança dans sa pirogue avec les quatre rameurs et le chef.

Les deux autres pirogues suivirent vivement,

(1) Locution familière aux marins, et qui signifie, selon les circonstances : Il n'y a pas de danger, il n'y a pas de difficulté, soyez tranquille, etc.

et toutes trois commencèrent à nager avec ardeur vers le monstre, tandis que je faisais diminuer de voiles pour suivre de près nos embarcations.

Celle de *Croque-Baleine* arriva la première à bonne portée. L'animal était immobile et comme endormi; nous étions éloignés à peine d'un demi-mille, ce qui nous permettait de voir tous les détails de ce qui allait se passer. *Croque-Baleine,* le harpon en main, s'avance et lance avec force son arme meurtrière. La baleine, vivement piquée, plonge immédiatement. Un hourra et les vivat retentissent en même temps; mais à peine avait-elle entraîné vingt brasses de corde, que l'on vit tout à coup l'embarcation s'enfoncer, ne laissant à la surface que le bouillonnement ordinaire après la submersion d'un corps volumineux. Il est probable que la ligne s'était embrouillée ou nouée, ce qui l'avait empêchée de filer convenablement. Un cri d'angoisse, un cri sinistre succéda au joyeux hourra de tout à l'heure. Je laissai arriver le bâtiment sur le lieu du sinistre, et je fis aussitôt mettre en panne (1). Les autres embarcations se joignirent

(1) C'est arrêter la marche d'un bâtiment sous voile, au moyen de certaines dispositions qui le forcent à rester immobile ou à peu près.

aux deux qui étaient en mer, et jusqu'à la nuit, tous les environs furent soigneusement explorés. Je fis rentrer les embarcations à bord, et nous passâmes la nuit à nous maintenir près du lieu où était arrivé l'accident; le lendemain, au jour, les vigies signalèrent une embarcation chavirée à peu de distance du navire. Nous nous en approchâmes, je la fis relever, et nous reconnûmes celle qui avait sombré la veille; quant aux six malheureux qui la montaient, ils avaient disparu pour toujours; ils avaient probablement été la proie des requins dont ces parages abondent.

Ce déplorable événement jeta la consternation dans tout l'équipage. Depuis notre départ du Havre, c'était le premier sinistre que nous éprouvions; nous n'avions jusque-là ressenti que faiblement les contrariétés inséparables d'une longue navigation. Mais nous étions à peine à la moitié de notre voyage, et le retour semblait s'annoncer sous de funestes auspices.

Pour mon compte, je fus vivement affecté de ce fatal accident, qui nous enlevait six de nos meilleurs baleiniers. Je me reprochais vivement de ne pas avoir cédé à ce pressentiment qui m'annonçait quelque malheur, et d'avoir causé par ma faiblesse la perte de nos braves compagnons.

Je restai presque toute la journée enfermé dans ma cabine, laissant le gouvernement du navire à M. Berton, et ne voulant pas être distrait de mon désespoir.

Vers le soir, Benjamin vint me trouver ; il me dit qu'il comprenait ma douleur, et qu'il la ressentait non moins vivement que moi ; qu'il avait lui-même des reproches à se faire, car c'était lui qui avait insisté la veille pour me faire céder au désir de l'équipage ; mais à quoi bon maintenant ces regrets inutiles ? Qui aurait pu prévoir un accident de cette nature ? C'était un de ces événements, comme il en arrive tant en mer, que la prudence humaine ne saurait prévenir. Nous avions d'autres devoirs à remplir que de nous abandonner à des lamentations superflues, au risque de tomber dans un abattement qui nous ôterait l'énergie nécessaire pour remonter le moral de nos hommes, également affecté par la perte de leurs camarades.

Je me rendis aux instances de Benjamin ; je remontai avec lui sur le pont. On n'entendait plus ces chants, ces rires, ces lazzi, qui habituellement retentissaient sur l'avant du navire ; tout était silencieux et triste. Quelques groupes causaient à voix basse auprès du fourneau refroidi, tandis que d'autres exécutaient en silence les manœuvres

6*

commandées par le sifflet du contre-maître. Je m'approchai des groupes ; je pris la main des plus anciens matelots ; je leur dis quelques mots en souriant tristement. Benjamin leur parla avec plus d'entrain. Enfin, peu à peu, si la gaieté ne revint pas comme autrefois, la sombre tristesse se dissipa comme une brume du matin. M. Berton leur raconta alors je ne sais quelle histoire qui excita quelques rires, et nous nous retirâmes en leur souhaitant *bon quart.*

Cette visite produisit un heureux effet. Le lendemain tout l'équipage avait repris à peu près son allure habituelle.

Le temps continuant à être beau, et le vent favorable, nous nous rapprochâmes des côtes afin de continuer notre pêche.

Les jours suivants nous commençâmes à revoir des baleines, mais à grande distance. Nous leur donnâmes la chasse, et nous en prîmes une. Cette capture, qui s'était opérée sans incident remarquable, acheva de rendre à nos hommes leur confiance et leur entrain.

Une seconde capture fut plus difficile. L'animal, harponné à dix heures du matin, ne succomba qu'à six heures du soir. Toute la nuit fut employée à le dépecer et à faire fondre la graisse.

L'équipage fatigué espérait une journée de repos; mais le soleil se leva au milieu de nuages cuivrés qui nous présageaient une tempête. A huit heures le vent se mit à souffler avec violence. Je donnai aussitôt la route à l'ouest, afin de nous éloigner de terre dans le cas d'un coup de vent; en même temps, je fis tout disposer pour le recevoir. A dix heures, les rafales se succédèrent avec une violence inouïe, mais dont la durée nous semblait devoir être courte. Dans une de ces bourrasques, le mât du perroquet d'artimon tomba. Il m'atteignit dans sa chute, heureusement amortie par les cordages qui le retenaient, sans quoi j'aurais été tué sur le coup. Mais le choc n'en fut pas moins si violent, que je perdis connaissance et qu'il fallut me transporter sur mon lit.

Tandis que le chirurgien me donnait ses soins, M. Berton avait pris la direction du bâtiment. Il se passa alors une scène dont je ne fus pas témoin, mais qui était le malheureux pendant de celle que je vous ai racontée tout à l'heure. En voici les détails, tels que je les appris plus tard.

Le navire, fatigué par la mer, tanguait (1) pe-

---

(1) Le *tangage* est le mouvement imprimé dans le sens de sa longueur à un navire par l'inégalité de la mer sur laquelle il flotte. Le *tangage* élève et abaisse alternativement chaque extré-

samment en donnant de fortes saccades à la mâture... La brise fraîchissait de plus en plus... Les lames, d'abord courtes et dures, s'allongeaient peu à peu, et leurs crêtes brisées étaient enlevées en tourbillons blanchâtres par les sifflantes rafales... L'horizon se noircissait et présageait une nouvelle bourrasque encore plus violente. M. Berton fit prendre le troisième ris aux huniers et celui des basses voiles... Au milieu de cette opération, toujours périlleuse par un gros temps, on entend tout à coup ce cri sinistre parti d'en haut : « *Un homme à la mer !* — *La bouée de sauvetage dehors !* » répond le capitaine Berton... Puis un moment terrible... un moment d'hésitation, de calcul de vie ou de mort pour le pauvre matelot tombé, succède à ce premier commandement... Faut-il risquer six hommes pour un !... et la pitié est là qui crie au jeune marin : « Il y a des chances de succès ! » La pitié l'emporte, et les commandements suivants se succèdent rapidement : « *La barre dessous !* — *Cargue les basses voiles !* — *Le grand hunier sur le*

---

mité du vaisseau, et fait particulièrement plonger son avant dans les lames. Le *roulis* est l'oscillation du bâtiment dans le sens de sa largeur.

mât! — *Amène le canot sous le vent !* » Et malgré
cette mer déjà affreuse, menaçante, d'intrépides
hommes s'élancent dans le canot... Des officiers,
des maîtres, des quartiers-maîtres les devancent
et amènent lestement eux-mêmes l'embarcation
qui, frêle et chétive qu'elle est, va défier la fureur
des vagues pour sauver un malheureux... Il n'en
faut que cinq, dix se présentent, et M. Berton est
obligé d'interposer son autorité pour empêcher
de surcharger le canot d'un poids inutile et d'un
encombrement dangereux. Enfin, quatre hommes
s'emparent des avirons, un cinquième gouverne :
ce dernier était un chef de pirogue ; les quatre
rameurs étaient deux contre-maîtres et deux premiers matelots. La fortune semble d'abord couronner leur audace... Porté de lame en lame, le
canot atteint l'homme, le sauve et nage vers le
bord... Mais il est un instant critique pour la fra-
gile embarcation ; c'est celui où, cessant de présenter l'avant à la vague, elle arrondit sa route
et lui offre son faible travers... Violemment cho-
quée dans ce moment par une épouvantable lame,
elle est chavirée, roulée deux ou trois fois sur
elle-même avec les malheureux qui la montent... Et le navire est là qui les voit se débattre,
lutter avec courage contre la mort, lever les

mains au ciel pour lui faire signe... Il est là, et
il ne peut rien faire... Il est là, et le capitaine
Berton peut à peine contenir l'ardeur des officiers
et des matelots qui veulent encore voler au secours
de leurs compagnons... Six hommes pour un ! Leçon
terrible que comprend si bien le cœur navré de
Benjamin, même quand il y aurait des chances de
réussite, et il n'y en avait pas !... « Six hommes
pour un ! c'est assez, dit-il, le désespoir dans
l'âme... » Et le navire continua sa route en les
voyant s'abîmer sous les flots.

Une heure après la bourrasque était tombée,
n'ayant causé que peu d'avaries au navire, mais
ayant porté un coup bien douloureux à l'équipage.

CHAPITRE VIII

Traversée des côtes du Chili à Taïti. — Arrivée dans l'archipel
des îles Basses et Pomotou. — Comment sont formées ces îles.
— Le naufrage.

Je n'appris que plusieurs jours après le tragique
événement que je viens de raconter. J'avais été
longtemps sans reprendre connaissance après le
coup violent que j'avais reçu. Le chirurgien craignait un épanchement au cerveau, et il exigea un
repos absolu à la suite des copieuses saignées qu'il
me fit.

M. Benjamin me faisait de courtes visites, et se
bornait à me dire que le navire faisait bonne route
et n'avait éprouvé que des avaries insignifiantes à
la suite de la dernière bourrasque. Enfin, quand le
chirurgien eut déclaré que j'étais tout à fait hors
de danger, M. Berton me raconta le malheur qui
nous était arrivé. Je n'essaierai pas de vous peindre
la terrible impression que cela me fit; mais ce que
je remarquai avec non moins d'émotion, c'est le

changement que cet événement avait produit chez
Benjamin. Le pauvre garçon, toujours si gai, si
insouciant, était en proie à une sombre tristesse et
à une pénible préoccupation.

Je cherchai à mon tour à le consoler, en lui répétant à peu près les mêmes paroles qu'il m'adres-
sait dans une circonstance semblable. « Que voulez-vous ? me répondit-il, c'est plus fort que moi.
Ah ! si vous aviez été là, ce malheur ne serait pas
arrivé ! vous n'auriez pas permis à cinq de nos
meilleurs marins d'exposer leur vie quand il n'y
avait aucune chance de succès dans leur coura-
geuse et téméraire entreprise.

— Enfin, lui dis-je, le malheur est irréparable ;
maintenant il faut songer au présent et à l'avenir.
Quelle résolution avez-vous prise ? »

Je ne pouvais plus rester sur cette malheureuse côte du Chili qui nous avait été si fatale ; je
crois que j'y serais mort de douleur et d'ennui.
D'ailleurs notre équipage, qui se composait auparavant de trente-huit hommes, venait d'être diminué de douze, dont deux officiers ; nous avions
de plus trois matelots et deux novices malades ;
ainsi nous restions en tout vingt hommes valides
pour l'ensemble du service. C'était trop peu pour
la manœuvre et pour continuer en même temps

les opérations de la pêche. J'ai donc résolu de suspendre ces dernières pour un certain temps, et de profiter du vent favorable que nous avons pour nous rendre à Taïti, où nous relâcherons le temps nécessaire pour reposer nos hommes, réparer notre gréement, et où nous aurons la chance de recruter quelques marins pour remplacer ceux que nous avons perdus. Je voulais d'abord attendre, avant de mettre le cap dans cette direction, que votre état me permît de vous soumettre cette résolution ; mais les officiers que j'ai consultés ont été unanimes pour m'engager à mettre immédiatement ce projet à exécution, convaincus qu'ils étaient tous que vous l'approuveriez. D'un autre côté, l'équipage était enchanté d'aller se reposer dans ces îles que les marins regardent comme un paradis terrestre, et cette idée a suffi pour bannir les tristes préoccupations de nos hommes depuis les derniers événements. »

Je donnai, comme on le pense bien, mon approbation pleine et entière à ce qu'avait fait M. Berton, et je lui dis que c'était le meilleur parti qu'il y eût à prendre dans la circonstance, et que je n'aurais pas hésité à agir comme il avait fait, si j'eusse été à sa place.

« Que voulez-vous, me dit-il ; j'ai appris cruel-

7

lement à me défier de moi-même, et désormais j'y
regarderai à deux fois avant de prendre certaine
résolution sous ma responsabilité.

— Il est bien, lui répondis-je, d'apprendre à se
défier de soi-même ; cela vaut mieux sans doute
que de la témérité et de la présomption. Mais,
mon cher Benjamin, n'oubliez pas que pour un
officier de marine il est une foule de circonstances
où cette méfiance de soi-même le ferait tomber
dans l'indécision, cent fois plus dangereuse que
la présomption et la témérité. Quand des circonstances critiques se présentent, où souvent le salut
d'un navire ou d'un équipage dépend de mesures
promptes, énergiques, il ne doit pas hésiter. Seulement, avant de prendre une résolution, il doit in-
voquer l'assistance de celui à qui les flots et la mer
obéissent. Il n'a pas besoin pour cela de lui adresser une longue prière. Il suffit d'une simple invo-
cation partie du fond du cœur, comme celle-ci
ou toute autre de ce genre : « Mon Dieu ! éclairez-
moi ! Mon Dieu, venez à notre secours ! » Puis d'un
coup d'œil il juge la situation, donne les ordres qu'il
croit les plus utiles. Si le succès couronne ses efforts, il remercie Dieu, à qui il reporte son triomphe
sur les éléments ; s'il ne réussit pas, il s'humilie
devant la main qui l'a frappé ; mais il ne tombe

pas dans le désespoir, parce que sa conscience lui
dit qu'il a rempli son devoir.

— Vous prêchez à merveille, me répondit en
souriant tristement Benjamin; mais, comme plus
d'un prédicateur, vous ne pratiquez pas toujours
l'excellente morale que vous enseignez. Ainsi je
vous ai vu vous laisser abattre, je vous ai vu profondément découragé, dans une circonstance à peu
près semblable à celle qui me cause aujourd'hui
des regrets si poignants.

— Non, mon ami, non, repris-je, la position
était loin d'être semblable; il n'y avait aucune
nécessité à tenter ce soir-là l'attaque de la baleine que nous avions en vue; l'heure avancée
pouvait nous exposer à des chances dangereuses;
il eût donc été prudent à moi de m'opposer à l'entreprise, et je me suis reproché et je me reproche
encore la faiblesse que j'ai montrée dans cette
occasion. C'est précisément parce que j'ai eu un
moment d'indécision, et que je n'ai pas suivi ma
première inspiration, que j'ai commis une faute
irréparable. Mais vous, c'est bien différent. Il s'agit
de sauver ou de laisser périr un homme tombé à
la mer; cette question est bien autrement grave
que la capture d'une baleine, et en permettant à
de braves marins d'aller au secours de leurs cama-

rade, vous avez rempli votre devoir; car vous ne pouviez pas avoir la certitude qu'ils ne réussiraient pas. Et si ce malheureux eût péri sans qu'on eût essayé de le sauver, ne vous adresseriez-vous pas le reproche de n'en avoir pas fait la tentative? Mais en vous opposant à ce qu'elle fût renouvelée après l'insuccès de la première, vous avez montré une véritable prudence; en un mot, dans toute cette malheureuse affaire vous avez fait votre devoir, et vous n'avez aucun motif de vous accuser vous-même. »

M. Berton parut se rendre à mes raisons. Son chagrin se calma peu à peu, et ma santé ne tarda pas non plus à se rétablir.

Quand je reparus sur le pont, je reçus les félicitations de nos marins, qui devenaient de plus en plus joyeux à mesure que nous approchions de l'archipel tant désiré. «Serons-nous bientôt arrivés, capitaine? me répétaient-ils. — Combien pensez-vous qu'il nous faille encore de jours?» Et cent autres questions semblables qu'ils avaient déjà adressées à M. Berton et aux officiers.

« Mes amis, leur répondis-je, d'après l'estime (1)

_____

(1) On appelle *estime,* en marine, la position approximative sur le globe d'un navire en pleine mer. Cette position ne peut

que m'a communiquée l'officier de quart, nous sommes en ce moment par le 18me degré de latitude sud et environ vers le 136me de longitude ouest du méridien de Paris; or Taïti est bien située à peu près à la même latitude que celle où nous sommes en ce moment, mais elle est au 151me degré de longitude, ce qui fait une distance de quinze degrés, ou environ cent soixante myriamètres que nous avons encore à parcourir. Si le vent continue à nous être favorable, nous pouvons facilement franchir cet espace en moins de six à sept jours; seulement nous aurons à traverser un vaste archipel, appelé Pomoton ou des îles Basses, qu'un navigateur français avait autrefois nommé l'*archipel Dangereux*, mais qui n'offre pas plus de dangers qu'un autre, parce que maintenant il est bien connu; ce qui nous obligera toutefois, mes amis, de veiller au grain, car les récifs ne manquent pas dans ces parages.

— Oh! *il n'y a pas de soins*, capitaine, me dit un vieux matelot; nous sommes deux ou trois qui avons déjà visité ces îles, si on peut leur donner le

être obtenue que par des moyens qui cessent d'être mathématiques, en raison des nombreuses causes qui répandent le doute sur ses résultats.

nom d'îles, car il y en a qui ne sont pas plus larges que ma main; mais elles n'en sont pas moins hérissées de récifs qui vous crèveraient la coque d'un navire comme un harpon perce la peau d'une baleine. Comme vous le dites, capitaine, il faudra que les vigies aient l'œil ouvert sur les brisants, car il n'en manque pas dans ces parages. Mais, *n'y a pas de soins*, on y veillera, capitaine.

— Pardon, excuse, capitaine, me dit un autre matelot, qui n'était jamais venu dans cette partie de l'Océanie, quoiqu'il eût déjà doublé deux ou trois fois le cap Horn; est-ce que l'on n'aurait pas pu aller à Taïti par une autre route, sans passer par cet archipel dangereux?

— Que t'es bête, Jean-Pierre! répondit le premier matelot; c'est comme si tu disais si l'on peut aller avec un navire du Havre à Rouen sans remonter la Seine; pour moi, je suis venu déjà deux fois à Taïti, qu'est un vrai paradis, quoi! mais toujours pour y arriver nous avons traversé l'archipel de Pomoton; même qu'une fois nous avons relâché à une île qui s'appelle Gambier et qu'est une des premières que l'on rencontre sur la route, et nous avons failli échouer sur les récifs qui entourent cette île. La rencontrerons-nous bientôt, capitaine?

— Je ne pense pas que nous voyions aucune
des îles Gambier, car nous les laisserons beaucoup
trop au sud; mais ce que je pense, c'est que nous
ne tarderons pas à découvrir quelques-uns des
groupes appartenant à l'archipel des îles Basses;
alors, dès que nous aurons pu reconnaître une de
ces terres, n'importe laquelle, nous saurons en
même temps notre position exacte, et nous pourrons nous diriger avec plus de sûreté vers notre
relâche. »

J'achevais à peine cette phrase que le cri de
Terre! terre! tomba du haut du mât de misaine,
et fut répété comme un écho dans toutes les parties
du navire. Toutes les lunettes furent aussitôt bra-
quées dans cette direction; je fis porter un peu
plus au sud-ouest, pour nous rapprocher suffisam-
ment du point indiqué. Bientôt nous constatâmes
que c'était l'île Hood, marquée sur nos cartes par
21° 31' latitude sud, et 137° 54' longitude ouest.

Notre estime s'était écartée de bien peu de la
route exacte. Nous la rectifiâmes; puis nous repor-
tâmes le cap O.-N.-O., et nous poursuivîmes notre
route sans nous arrêter.

Le lendemain et les jours suivants, nous eûmes
connaissance des îles Carysford, Whitsunday, de
la reine Charlotte, d'Egmont, Touï-Touï, Heïou

nommée île de la Harpe par Bougainville, et d'une
quantité d'autres îles et îlots dont je ne me rappelle
pas les noms. Chaque fois que nous apercevions
une île un peu plus grande que les autres, nos plus
jeunes marins ne manquaient jamais de demander
aux anciens : « Est-ce là Taïti?

— Mais non, bêta, répondait un vieux loup de
mer; tu prendras bientôt un marsouin pour une
baleine.. On te l'a déjà dit : Taïti est la reine de
l'Océanie; elle a des montagnes, des vallées,
une rade magnifique, des villes, des châ-
teaux, des maisons de campagne; est-ce que
tu vois rien de semblable dans aucune de ces îles
qui sont plates comme une raie? Et puis, il y a le
drapeau français qui flotte sur les hauteurs de
l'île....

— Tiens, dit un mousse, est-ce que ce pays-là
appartient à la France?

— Un peu, que je dis, reprit le vieux marin.

— On m'avait pourtant dit qu'il était gouverné
par une reine appelée Pomaré.

— Oui, à peu près comme le maître d'équipage
gouverne le navire, sous les ordres du capitaine,
du second ou de l'officier de quart. Or le véritable
commandant de Taïti, c'est le contre-amiral fran-

çais, qui a sous ses ordres un gouverneur français, un commissaire de marine français, des navires de guerre français, une garnison française et tout le tremblement; et Pomaré ne règne que sous le bon plaisir de toutes les autorités françaises établies dans son île.

— Ainsi donc, on se croirait en France, dans ce pays-là. Dieu! qu'il me tarde d'y arriver et de revoir le pavillon et le drapeau français, ni plus ni moins que si nous étions au Havre, à Dieppe ou à Cherbourg. »

Telles étaient les conversations de nos marins, qui s'impatientaient des lenteurs de la route, et qui soupiraient après Taïti comme les Hébreux dans le désert soupiraient après la terre promise. Hélas! presque tous ces braves gens, de même que les Hébreux, ne devaient jamais entrer dans cette terre si désirée!

Nous étions forcés de marcher, la nuit surtout, avec beaucoup de précautions au milieu de ce labyrinthe d'îles, toutes entourées d'une chaîne de récifs de corail. Ces récifs tendent à s'accroître avec le temps, ce qui fait souvent qu'ils ne sont pas indiqués sur les cartes un peu anciennes. Voici sur la nature et la formation de ces îles quelques détails qui vous aideront à comprendre et à vous

expliquer quelques-uns des événements qu'il me
reste à vous raconter.

Toutes les îles de la Polynésie situées entre les
tropiques peuvent se diviser en hautes et basses.
Je n'ai pas à m'occuper ici des îles hautes, ainsi
nommées parce qu'elles ont des montagnes, des
pics souvent très-élevés, de formation volcanique.
Quant aux îles basses, ce ne sont communément
que des bancs de corail, étroits et circulaires, qui
renferment au milieu une espèce de lagune. Leur
surface offre çà et là de petits espaces sablonneux,
un peu élevés au-dessus de la marée haute, et sur
lesquels croissent des cocotiers et quelques autres
plantes; le reste du banc de corail est si bas que
la mer le couvre souvent à la marée haute, et de
temps en temps à la marée basse. Plusieurs des
grandes îles de cette espèce sont habitées. Les insu-
laires vont par intervalles pêcher, tuer des oiseaux
et chasser à la tortue sur les plus basses; la plupart
de celles-ci sont inhabitées, quoiqu'elles soient
remplies de cocotiers et fréquentées par des fré-
gates, des fous, des hirondelles de mer, des goë-
lands et des pétrels.

Le récif, premier fondement des îles polyné-
siennes, est formé par les animaux qui habitent les
lithophytes, des coquillages, des algues, du sable,

de petits morceaux de corail, qui enfin se montrent
au-dessus de l'eau. Ce dépôt continue à s'accumuler,
jusqu'à ce qu'un oiseau ou les vagues y portent des
graines de plantes qui croissent sur le bord de la
mer. Leur végétation commence alors. Ces végé-
taux, en se pourrissant annuellement et en repro-
duisant des semences, créent peu à peu un terreau
qui s'augmente à chaque saison par le mélange du
sable. Une autre vague y porte un coco qui conserve longtemps sa puissance végétative dans les
flots, et qui croît d'autant plus vite sur cette espèce
de sol, que toutes les terres lui sont également
bonnes : c'est par ce moyen que ces îles basses ont
pu se couvrir de cocotiers.

Les animalcules qui bâtissent ces récifs ont besoin de mettre leurs habitations à l'abri de l'impé-
tuosité des vents et de la fureur des vagues; mais
comme, en dedans des tropiques, le vent souffle
communément du même côté, l'instinct ne les porte
qu'à étendre le banc en dedans duquel est une lagune; ils construisent donc des bancs de rochers
très-étroits, pour s'assurer, au centre de l'enceinte,
un espace calme et abrité. Telle est la théorie que
donnent les savants et les naturalistes sur l'origine
des îles basses des tropiques dans le grand Océan.
Je la crois d'autant plus probable, que moi qui ai

visité bien des fois ces îles, et qui en ai habité une
trop longtemps, j'ai reconnu d'après mes observations que rien ne contredisait cette théorie.

Nous avions parcouru à peu près la moitié de
l'archipel Pomoton, sans avoir éprouvé le moindre
accident, et tout nous faisait espérer que le reste de
notre traversée jusqu'à Taïti serait aussi heureux.
Le vent d'est-sud-est qui règne dans ces parages
pendant neuf mois de l'année, et les courants qui se
dirigent presque continuellement à l'ouest, nous
étaient également favorables ; seulement, comme
je l'ai dit, la prudence nous forçait de ralentir notre
marche ; sans cela nous aurions déjà atteint l'archipel des îles de la Société ou de Taïti.

Tout à coup le vent changea ; après avoir soufflé
de différents airs, il se fixa à l'ouest, et nous arriva
par violentes rafales ; en même temps la marche
du courant se trouva comme entièrement suspendue par suite de la force du vent. Il fallut gouver-
ner au plus près, et louvoyer dans un espace trop
étroit pour nous permettre de virer de bord avec
facilité.

Bientôt des nuages épais accoururent de l'ouest
et nous voilèrent le soleil. Des éclairs rapides ne
tardèrent pas à les sillonner, et les grondements
du tonnerre vinrent se mêler au sifflement des

vents dans les cordages, et au mugissement des vagues. La nuit survint au milieu de cette fureur des éléments, nuit sombre que rendaient plus obscure les nuages épais qui couvraient le ciel.

A chaque instant cette obscurité devenait plus dense, la brise plus fraîche, la mer plus dure. La sonde ne trouvait point de fond, circonstance qui nous donnait quelque espoir, quand ce cri sinistre, lancé du haut du mât, retentit comme un glas funèbre : *Brisants devant nous et à tribord!...* Le navire avait beaucoup de dérive, et courait droit sur les écueils signalés. Aussitôt je donnai l'ordre de virer de bord ; mais la voilure ne permettant pas de le faire vent devant, et la mer étant d'ailleurs fort grosse, je fis haler la barre au vent (1) et diminuer de toile derrière. Il était trop tard ; le malheureux navire fut poussé par d'énormes lames qui le firent toucher si rudement, que dès ce moment on put juger que tout était perdu et que rien ne pouvait le sauver.

J'étais en ce moment sur le pont à côté de M. Benjamin. Nous nous serrâmes silencieusement la main,

---

(1) *Haler la barre au vent*, ou *haler au vent*, se dit de la manœuvre pénible d'un bâtiment sous voile qui veut se mettre en position de recevoir le vent avant l'objet qu'il cherche à éviter.

comme pour nous dire que nous avions compris
notre position.

A ces deux premiers coups de talon, aux craque-
ments horribles qui les accompagnèrent, tout ce
qu'il y avait d'hommes endormis à bord se réveillèrent saisis d'effroi; les uns s'élancent en haut
demi-vêtus, d'autres cherchent si cette affreuse
réalité n'est point un reste de leurs songes inache-
vés; on crie, on se rue, on appelle le capitaine
Berton, le capitaine Maulny; en vain essayons-
nous de jeter quelques ordres dans cette confu-
sion... et la mer couvre déjà l'avant du navire; d'é-
normes lames viennent en grondant se briser avec
fracas sur le côté incliné du bâtiment, et emportent
avec elles les débris de tout ce qui se trouve sur leur
passage... Et ne pas pouvoir s'assurer de la distance
qui sépare de la terre! car il y a bien certainement
dans le voisinage une de ces îles basses dont j'ai
parlé, et c'est probablement sur sa ceinture de
récifs que nous avons touché. Malheureusement on
n'y voit pas assez pour distinguer quelques rochers
où se cramponner, quelque espoir de salut sur le
sable!... Une désolante obscurité, la mer seule qui
toute phosphorescente se brise en millions d'étin-
celles aussitôt évanouies qu'entrevues, et qui ne
projettent aucune lueur sur cette scène de désola-

tion! Le navire, après avoir talonné d'une manière
épouvantable, s'inclina dans le vide des vagues,
renvoya sur bâbord, puis bientôt au large, en li-
vrant à la fureur d'une mer déchaînée son vaste
pont, sur lequel il y avait bon nombre de pièces
d'huile amarrées.

La première lame qui tomba à bord, enleva cinq
embarcations; bientôt les pièces d'huile, dont les
saisines (1) furent rompues, partirent avec impé-
tuosité, et, traversant plusieurs fois la largeur du
pont, roulèrent sur quelques malheureux, premières victimes de cette horrible catastrophe.
On entendait leurs cris plaintifs et mourants; ils
déchiraient l'âme de ceux qu'ils invoquaient, et
qui n'auraient pu sans danger de mort s'approcher
d'eux. Bientôt les secours leur furent inutiles, car
leurs cris avaient cessé...

Les lames, qui se multipliaient, balayèrent bientôt le pont de tout ce qu'il portait. Une plus furieuse
et plus lourde le défonça même; les hommes dont
aucune blessure n'empêchait la fuite s'élancèrent,
à l'aide de cordages, dans les haubans supérieurs

---

(1) Les *saisines* sont des bouts de cordage qui servent à *saisir*,
à amarrer, à retenir en place ou sur des corps solides des
objets séparés.

du navire. L'air était humide; une brume noire
enveloppait le bâtiment et s'étendait sur la mer;
grimpés dans les haubans, les pieds nus et meur-
tris, coupés par les enfléchures, les pauvres marins, sans but, sans espoir, sans consolation, cram-
ponnaient à la vie leurs corps glacés et endoloris et
leurs têtes chargées des plus sinistres pensées : débris
d'hommes attachés à des débris que broyait le
naufrage...

Enfin, après de longues heures d'inexplicables
angoisses, le jour parut. Avec quelle avidité les
yeux se dirigèrent alors vers la terre ! Quelle impatience de voir s'éclaircir cette brume épaisse,
pour juger de la distance qui en séparait! On l'a-
perçut enfin, mais à un bon mille; on en était
séparé par une de ces lagunes dont j'ai parlé, et où
le vent a ordinairement moins de prise qu'en
pleine mer.

Ce fut alors que nous pûmes juger de la vraie
position du navire. Les trois mâts et le beaupré
rompus. Le pont défoncé. La cale presque vide.
Le navire entouré de ses débris et de sa cargaison que la mer battait, entre-choquait et brisait à un grand espace, dont le centre était le
reste de ce beau *Cachalot,* dont nous étions na-
guère si fiers; avec quelques malheureux trem-

blants, et les regards fixés sur cette mer de destruction.

Je fis essayer pourtant de parer une embarcation, la seule que la mer n'eût point brisée complétement; avec des peines et des précautions infinies nous parvînmes à la mettre à la mer, et six hommes s'y élancèrent. Ils étaient munis de câbles suffisants pour tâcher d'établir, s'ils parvenaient à terre, un va-et-vient à l'aide duquel les hommes restés à bord auraient pu gagner le rivage. Mais à peine la pirogue était-elle éloignée de quelques mètres, que deux énormes lames, qui se rencontrant brisèrent l'une sur l'autre, mâtèrent à pic l'embarcation, et la broyèrent sur un rocher. Alors les six malheureux, vrais jouets des flots, furent tournés et roulés selon leur caprice, avec le sable et les pierres du fond. Bientôt cinq cadavres parurent à la surface de la mer; mais le sixième matelot parvint à terre, sans avoir su comment il y était arrivé. Debout sur le rivage, il nous faisait des signes comme pour dire que l'abord de la plage était facile.

A cette vue, tout ce qui restait à bord, à l'exception de M. Berton, d'un de nos officiers et de moi, se jeta à la mer, dans l'espoir de gagner à la nage, ou à l'aide de quelques débris, cette plage où un

7*

de leurs camarades était parvenu. Hélas! sur huit
hommes qui tentèrent cette chance de salut, deux
seulement purent réussir, et encore l'un d'eux ne
sauva sa vie que pour quelques jours, car il mou-
rut deux jours après par suite des violentes contu-
sions qu'il avait reçues.

Restés les derniers, comme je l'ai dit, nous ten-
tâmes de construire une espèce de radeau avec
quelques pièces de bois et des futailles vides;
mais nous n'eûmes pas le temps de l'achever; la
mer couvrit la partie du navire où nous nous
tenions encore ; nous le sentîmes s'enfoncer sous
nos pieds, et nous fûmes entraînés et roulés dans
l'abîme.

CHAPITRE IX

Séjour dans une île déserte. — La délivrance.

Je ne sais ce qui se passa pendant les premiers instants : je fus étourdi et privé de toute sensibilité du corps et de la pensée. Puis je me sentis bientôt comme le feu dans la tête, et l'engourdissement de mes membres fut secoué sous les efforts de ma volonté. Je reconnus que j'étais sous l'eau, je nageai pour gagner la surface et j'y parvins avec efforts. Mais je ne vis rien près de moi, que les lames qui s'élevaient autour de ma tête comme les planches d'un cercueil. Je me débattis long-temps dans le suaire d'écume qu'en se brisant les vagues déployaient sur moi ; puis je m'aperçus que de nouveau les forces de la raison et du corps m'abandonnaient à la fois : il paraît cependant qu'en ce moment suprême je me cramponnai ma-

chinalement à une planche arrachée par les vagues
du plat-bord de notre navire ; ce n'est qu'une
supposition, car à compter de ce moment je n'ai
rien souffert, rien senti, rien compris de ce qui
se passait autour de moi. Tout ce que je sais,
c'est que, quand je repris connaissance, je me
trouvai étendu sur la plage, et que j'aperçus celui
de nos marins qui s'était sauvé le premier, à genoux, tenant d'une main une gourde d'eau-de-
vie dont il essayait de me faire avaler quelques
gorgées, en même temps que de l'autre main il
me frictionnait avec cette liqueur les tempes et
la poitrine.

J'ignore si ce remède est efficace pour guérir
l'asphyxie, et je me garderais bien de le recommander ; ce qu'il y a de certain, c'est qu'en peu
d'instants je me sentis renaître à la vie et au souvenir des terribles événements qui venaient de se
passer. D'abord il me semblait sortir d'un rêve
pénible, et le chaos de mes idées avait peine à se
débrouiller. Je ne tardai pas à reconnaître l'épouvantable réalité, et dès que je pus articuler une
parole, je demandai avec anxiété : « Où est le
capitaine Berton ?

— Ne vous en tourmentez pas, Monsieur, me
répondit le matelot ; occupez-vous d'abord de

reprendre des forces, et puis nous rechercherons ensemble le capitaine Berton, qui a peut-être abordé sur une autre partie de la plage. »

Je voulus essayer de me lever; mais des courbatures douloureuses que je ressentais dans tous les membres, et un violent mal de tête, me firent retomber dans la position où je me trouvais auparavant. J'étais en proie à une soif dévorante. Le matelot voulut m'offrir encore de l'eau-de-vie : « Merci, merci! lui répondis-je; de l'eau, un peu d'eau ! si c'est possible. » Heureusement il avait plusieurs noix de coco qu'il venait de ramasser; il m'en ouvrit une qui était pleine d'une eau délicieuse. Je la bus avec avidité, et peu de temps après je m'endormis d'un sommeil profond.

En me réveillant, je me trouvai à une certaine distance du rivage, dans une espèce de bosquet de cocotiers et d'arbustes que je ne connaissais pas. Auprès de moi veillaient le matelot qui m'avait déjà soigné, et un jeune novice que je n'avais pas encore aperçu. C'étaient eux qui m'avaient transporté à cet endroit pendant mon sommeil, parce que la partie de la plage où la mer m'avait déposé avait été de nouveau envahie par la marée montante.

« Ah! c'est vous, mon bon Joseph! dis-je au

matelot ; et toi aussi, mon pauvre Jean-Marie !
fis-je au novice. Vous vous êtes donc heureusement tirés de la bagarre? Et les autres, mes
amis, pouvez-vous m'en donner des nouvelles?
Le capitaine Berton, savez-vous ce qu'il est devenu?

— Jusqu'à présent, me répondit Joseph, nous
n'en avons pas de nouvelles ; mais je crois que plusieurs de nos camarades ont gagné une petite anse
que j'ai aperçue à deux milles d'ici. Ils viendront
probablement nous rejoindre, ou nous irons les
retrouver demain matin. En attendant, mon capitaine, vous avez encore besoin de repos et de
quelque nourriture. Jean-Marie a trouvé un certain nombre d'œufs de tortue, et pas mal de cocos ;
nous pouvons avec cela faire un repas délicieux,
et dormir tranquilles sur ce gazon jusqu'à demain matin ; car ce soir le soleil est sur le point
de se coucher, et il serait trop tard pour tenter une
excursion dans l'île. »

Le brave homme connaissait toute l'étendue de
notre malheur ; mais, me supposant encore trop
faible pour me l'apprendre, il avait remis à un
autre moment à me révéler l'affreuse vérité.

Je l'appris le lendemain.... sur vingt-quatre
personnes qui se trouvaient à bord du *Cachalot* au

moment de la catastrophe, nous trois seulement avions survécu!...

Après avoir entendu cette triste révélation : «Mes amis, dis-je à mes deux compagnons d'infortune, commençons par remercier Dieu de nous avoir conservé la vie ; implorons sa miséricorde, et espérons avec confiance qu'il achèvera son œuvre, en nous faisant sortir sains et saufs de la malheureuse situation où nous nous trouvons.

— Oh ! moi, s'écria Jean-Marie qui était Breton, j'ai fait vœu d'un pèlerinage à Notre-Dame d'Auray, et j'ai bon espoir que Dieu, par son intercession, viendra à notre secours.

— Et moi, dit Joseph, je m'associe à ton vœu ; car, quoique je ne sois pas Breton, j'ai grande confiance en Notre-Dame d'Auray.

— Mes enfants, repris-je, je me joins à vous de tout mon cœur. Mettons-nous à genoux ; invoquons la protection de Dieu, de la sainte Vierge l'Étoile de la mer, et de sainte Anne d'Auray. »

Nous nous agenouillâmes aussitôt, et nous adressâmes à Dieu et aux saintes protectrices des marins une des plus ferventes prières qui soient jamais sorties de notre cœur.

Quand nous eûmes terminé, je dis à mes com-

pagnons : « Mes amis, nous avons encore un devoir à remplir : c'est d'aller sur le rivage chercher
si nous ne trouverons pas quelques-uns de nos
camarades qu'il soit possible de secourir, puis de
rendre les derniers devoirs aux cadavres de ceux
que nous rencontrerons. »

Hélas! nous ne trouvâmes que des débris hu-
mains, les uns déchirés par les pointes des rochers,
les autres à demi dévorés par les requins, par les
crabes et par les vautours. La plupart étaient tellement défigurés, qu'il nous fut impossible de les
reconnaître. J'examinai minutieusement tous ces
corps, pour reconnaître celui de mon pauvre Benjamin. Aucun indice certain ne put me faire juger
que l'un de ces corps fût le sien. Parfois un vague
espoir me faisait croire que peut-être il avait
échappé au désastre ; mais un instant de réflexion
me démontrait l'impossibilité de cette conjec-
ture.

A l'aide d'une pelle à dépecer les baleines, que
nous avions trouvée parmi les débris du navire
jetés sur la grève, nous creusâmes dans le sable
une fosse aussi profonde qu'il nous fut possible, et
nous y enterrâmes les restes mortels de nos amis.
Nous marquâmes l'endroit de cette sépulture avec
une croix de bois grossièrement faite, nous réser-

vant plus tard, si nous en avions la possibilité, d'élever une croix plus grande et plus solide, sur laquelle nous inscririons les noms de ceux qui avaient péri dans le naufrage, avec la date et les principales circonstances de ce funeste événement.

Après l'accomplissement de ces devoirs, il fallut songer à nous-mêmes, aux moyens de nous nourrir et de nous abriter. Une des grandes contrariétés qu'éprouvaient mes deux compagnons, c'était le manque de feu; non pas précisément à cause du froid, car nous étions alors à la fin de décembre, et à cette latitude, presque sous le tropique du Capricorne, le soleil à midi nous dardait perpendiculairement ses rayons sur la tête; mais les nuits étaient fraîches; puis c'était la saison des pluies, et il fallait bien pouvoir sécher nos vêtements; enfin la raison principale était que le feu nous était absolument nécessaire pour la cuisson de nos aliments. Ces rivages abondent en poissons, en tortues, en crabes, en une foule d'oiseaux de différentes espèces; mais quand notre pêche ou notre chasse eussent été abondantes, nous ne pouvions pas manger ces objets tout crus.

Nous cherchâmes longtemps les moyens de nous

procurer du feu, sans pouvoir en trouver aucun.
Il n'y avait dans l'île que du sable et des débris de
coraux; mais pas de silex, ni aucune autre pierre
à feu. Enfin un jour, en cherchant parmi les débris du navire rejetés par la mer, nous trouvâmes
une petite boîte qui avait appartenu à l'un de nos
officiers et qui contenait une petite lunette chro-
matique, comme une lorgnette de théâtre. Je la
démontai aussitôt, et, à l'aide de l'un des verres
grossissants, nous obtînmes facilement du feu aux
rayons du soleil.

Tous les jours suivants, et pendant plusieurs semaines, nous fûmes occupés du sauvetage des divers objets provenant de notre navire. Nous trouvâmes une foule de choses qui nous furent d'une
grande utilité : des toiles à voiles dont nous fîmes
des tentes qui nous mirent à l'abri du soleil et de
la pluie, des cordages, des planches, des débris
de mâts, une scie, des haches, plusieurs marmites
ou bidons, etc. etc.

Notre installation définitive et le soin de pour-
voir à notre nourriture journalière nous occupèrent pendant le reste de la saison des pluies, qui
dura encore plus d'un mois. Enfin les brises
du sud-est rafraîchirent l'atmosphère, le temps
devint magnifique, le soleil brilla dans tout son

éclat, et la lagune qui s'étendait du rivage de notre île à la ceinture de récifs qui l'environnait, était unie et transparente comme un miroir.

Je résolus alors d'exécuter un projet que je méditais depuis longtemps ; c'était de faire le tour de l'île par la lagune et d'en visiter les récifs, pour reconnaître s'il n'y avait pas quelque communication entre notre Méditerranée en miniature et la haute mer, ainsi que cela existe dans la plupart des îles de la Polynésie que j'avais visitées. Mais, pour mettre ce projet à exécution, il fallait une embarcation, et c'était une tâche un peu rude que d'en construire une. Je me rappelai alors que j'avais vu souvent dans le golfe du Bengale et dans d'autres endroits de la mer des Indes de petits radeaux appelés *catimarons,* avec lesquels les Indiens parcourent d'assez grandes distances sur les côtes, vont à la pêche, franchissent la barre des fleuves, etc. La forme de cet appareil, composé de troncs d'arbres non équarris, est un carré long, terminé en pointe à chaque bout, et que meuvent un, deux ou trois hommes, à l'aide de petits avirons courts appelés *pagayes.*

Une embarcation de ce genre ne me parut pas difficile à construire. J'en parlai à Joseph, qui avait aussi navigué dans l'Inde, et qui se rappelait par-

faitement la forme des catimarons. « Nous avons
tout ce qu'il faut, me dit-il, pour la construction
de cette espèce de radeau ; si les bois provenant
du *Cachalot* ne nous suffisent pas, nous pouvons
facilement employer des troncs de cocotiers ; c'est
avec ces arbres que sont fabriqués les catimarons
de l'Inde. Je me charge à moi seul de tailler et de
façonner les bois nécessaires ; puis vous m'aiderez
à les assembler. »

Joseph, qui était un de nos charpentiers, s'entendait, en effet, parfaitement à manier la hache ;
nous le laissâmes faire cette besogne, tandis que
Jean-Marie et moi nous nous occupâmes des pro-
visions. J'eus alors occasion de visiter l'île dans
toute son étendue ; ce n'était pas difficile, car
elle avait dix milles au plus de circonférence,
et à peu près trois milles dans sa plus grande
largeur.

Pendant ces excursions, je fis plusieurs découvertes précieuses, entre autres de plusieurs pieds
de l'arbre à pain (*inocarpus edulis*), l'une des plus
importantes productions de la Polynésie. J'en avais
vu plusieurs fois à Taïti et à Nouka-Hiva ; j'en
avais mangé avec plaisir soit à l'état frais, soit à
l'état de pâte fermentée, que les indigènes appellent *popoï*. Je cueillis plusieurs des fruits de ces

arbres : ils sont recouverts d'une écorce épaisse et ciselée, et contiennent une pulpe blanche que l'on fait griller et dont le goût se rapproche assez de celui du pain de froment. Nous nous régalâmes de ce mets avec d'autant plus de plaisir, qu'il nous rappelait et pouvait à la rigueur nous remplacer le pain dont nous étions depuis si longtemps privés.

Quand notre radeau fut terminé, nous le lançâmes dans la lagune, et bientôt nous reconnûmes qu'il pouvait nous rendre tous les services que nous nous en étions promis. Nous y ajoutâmes une petite voile triangulaire, et nous naviguâmes avec la plus grande facilité sur cette eau paisible. Nous allâmes d'abord visiter le lieu où avait échoué notre navire. Nous reconnûmes parfaitement la place ; mais nous ne pouvions concevoir comment notre bâtiment avait pu être porté jusque-là, car il y avait à peine trois pieds d'eau, et une partie du récif environnant était à sec. L'eau était si transparente que nous apercevions au fond les ancres, et quelques pièces de fer qui n'avaient pu être entraînées par le courant. Après un examen plus attentif, et en faisant réflexion à l'époque où avait eu lieu notre sinistre, je reconnus que c'était alors le temps des hautes marées, et c'est ce qui nous expliquait comment notre navire avait pu être engagé si avant dans les récifs.

Après avoir fait ces remarques, nous continuâmes à explorer la ceinture de récifs, en dedans de laquelle nous naviguions aussi facilement que dans un des bassins du Havre. Je cherchai à découvrir l'existence d'un passage de communication avec la haute mer. Notre journée fut employée tout entière à cette exploration sans avoir rien trouvé. Cette circonstance nous jeta dans la consternation. — Comment pourrons-nous sortir d'ici ? nous sommes enfermés comme des rats dans une souricière. Un navire venant du large, quand même il nous apercevrait, ne pourrait envoyer ses embarcations nous chercher, et nous ne pourrions aller à lui qu'avec notre frêle radeau, qui aurait lui-même de la peine à franchir cette couronne de récifs qui nous environnait comme les murs d'une prison. Nous n'aurions de chances de voir parvenir à nous de nouveaux venus que si un événement semblable à celui qui nous est arrivé brisait aussi quelque malheureux navire sur les mêmes rochers, et alors, au lieu de libérateurs, ce seraient des compagnons d'infortune qui viendraient unir leur sort au nôtre.

Ces réflexions et d'autres semblables nous rem-

plirent de tristesse. Je passai la nuit sans dormir,
en proie à la plus sombre mélancolie. Tout mon
passé se représentait à mon esprit; je me reprochais la mort de mon cher Benjamin, et il me
semblait entendre parfois le vieux père Berton,
mon protecteur, mon ancien patron, me dire
comme autrefois Dieu à Caïn : « Qu'as-tu fait de
ton frère ? » Et la jeune épouse éplorée, je la
voyais avec ses longs vêtements de deuil ; je l'entendais me dire d'une voix déchirante : « Vous
m'aviez répondu de mon mari ; dites, qu'en avez-
vous fait ? » Hélas ! que leur répondre ? N'avais-je
pas entretenu, excité la passion de Benjamin pour
la vie de marin ? N'aurais-je pas dû l'engager, au
contraire, à rester auprès de son vieux père, auprès
de sa jeune épouse, qui était sur le point de le
rendre père au moment de notre départ ? C'est bon
pour ceux qui ne tiennent à rien, comme moi, de
courir les hasards d'une longue et pénible navigation ; mais un jeune homme comme Benjamin,
entouré d'une famille qui le chérit, aimé d'une
épouse qu'il aime, bientôt lui-même père de fa-
millé, pourquoi l'arracher à des liens si doux et si
sacrés ? Est-ce pour chercher la fortune ? mais il est
riche, très-riche, et il gagnerait plus à rester auprès des siens qu'à courir les mers. La fortune !

me disais-je ensuite avec amertume, la fortune !
c'est un fantôme brillant qui m'a séduit aussi, et
qui n'a pas peu contribué à me lancer dans cette
funeste expédition. Et où sont maintenant les belles
espérances que j'avais conçues? où est le trésor
que j'avais amassé avec tant de fatigues, que je
devais doubler d'un seul coup, et que je contem-
plais d'avance avec des yeux d'avare? Tout cela,
espérance, trésor, avenir fortuné, tout est englouti
avec ce beau navire dont j'étais si fier, avec ce
noble jeune homme que j'aimais tant, avec tant
d'autres qui valaient mieux que moi !

J'étais encore plongé dans ces réflexions quand
les premiers rayons du jour parurent. Je me levai
de ma couche de feuillage pour aller rafraîchir à
la brise du matin ma tête brûlante. A quelques
pas de notre tente, j'aperçus le novice Jean-Marie
qui, pieusement agenouillé, récitait son chapelet.
Cette vue me rafraîchit mieux que la brise, car
elle reporta mes pensées à Dieu et à la prière, seul
moyen de calmer l'agitation de mon âme.

Au bruit que je fis en approchant, Jean-Marie
détourna la tête, puis se remit et acheva sa dizaine.
J'attendis la fin de sa prière, et quand il se leva je
lui dis : « C'est bien, mon ami, ce que tu fais là ;
cela vaut mieux que de se lamenter, comme tu le

faisais hier, sur notre déconvenue; va, Dieu en sait
plus long que nous, et il en a tiré de plus grands
embarras que ceux dans lesquels nous sommes
tombés.

— Vous avez raison, capitaine; aussi ce matin,
tout en m'éveillant, j'ai adressé une prière à Notre-
Dame d'Auray, et je lui ai dit : « Grande sainte,
j'ai fait vœu d'aller en pèlerinage à votre chapelle; mais comment pourrai-je accomplir ce vœu
si je suis condamné à rester à perpétuité dans cette
île? Indiquez-moi donc un moyen d'en sortir. »
Là-dessus, je me suis mis à réciter mon chapelet,
et tout en le récitant, il m'est venu une idée que
je voulais d'abord repousser comme une distrac-
tion; mais comme elle revenait toujours, je l'ai
prise à la fin pour une inspiration, ou, si vous
voulez, pour l'indication que je demandais à sainte
Anne.

— Et quelle est cette idée ?

— C'est qu'il pourrait bien y avoir une passe
dans la partie des récifs que nous n'avons pas
visitée.

— Cela ne me paraît guère probable, ou plutôt
cela me semble impossible; car s'il existe une
passe dans la chaîne des récifs, ce doit être dans la
partie la plus basse, et que l'eau recouvre entière-

ment à chaque marée ; eh bien ! c'est celle-là précisément que nous avons explorée, et nous n'avons
rien découvert ; quant à la partie dont tu parles,
elle forme une chaîne assez élevée et qui ressemble
à une muraille qui a plus de dix pieds par endroits
au-dessus de la mer, même pendant la marée
montante. Enfin, si ce passage existait, il y aurait
un courant assez fort pour se faire sentir dans l'intérieur de la lagune quand la mer monterait,
comme il s'établirait un courant inverse quand elle
descendrait.

— Précisément, mon capitaine, c'est que je
crois avoir remarqué que ce courant existe, tel
que vous le dites, à peu près à un mille à l'ouest
de l'endroit où notre navire a échoué ; d'ailleurs
m'est avis, pardon, excuse, mon capitaine, que
quand on est en prison, on peut bien sonder toutes
les murailles et frapper à toutes les portes pour
tâcher d'en sortir.

— Tu as raison, mon garçon, et quoique je
n'aie pas grande confiance dans ta découverte,
nous irons aujourd'hui, à marée basse, visiter les
écueils que nous n'avons pas explorés hier. »

Nous y allâmes, en effet, et, contre toute vrai-
semblance, nous découvrîmes une passe à peu près
à l'endroit indiqué par Jean-Marie. Je reconnus

facilement qu'elle était praticable pour des navires d'un fort tonnage, et que si nous avions eu le bonheur de la connaître et d'être convenablement pilotés, *le Cachalot* aurait pu entrer sans peine dans la lagune, y jeter l'ancre comme dans une rade, et attendre en sûreté le retour du beau temps.

Cette découverte nous rendit l'espoir et la gaieté. Chaque jour nous allâmes visiter la passe pour en examiner avec soin les abords extérieurs et intérieurs. J'établis des signaux sur les rochers du voisinage, pour avertir les navires qui pourraient passer au large de la présence d'hommes qui réclamaient leurs secours. L'un de nous restait souvent des journées entières en vigie, pour découvrir quelques voiles dans le lointain. Quelquefois on en aperçut, mais elles passaient trop loin pour que du bord on pût remarquer nos signaux.

Quinze mois se passèrent ainsi dans des alternatives de crainte et d'espérance. Je ne vous raconterai pas notre vie intérieure, qui était on ne peut plus monotone. Ma seule occupation sérieuse était de visiter, par tous les temps, autant toutefois que cela m'était possible, la passe et ses environs, de la sonder par toutes les marées hautes et basses, en un mot, de chercher à me procurer tous les renseignements nécessaires pour aider un navire à donner dans cette passe de manière à ne pas courir de danger, même par les plus gros temps. J'avais dressé une espèce de carte de mes observations hydrographiques, aussi exactement qu'il était possible de le faire sans instrument d'aucune espèce ; enfin j'avais acquis les connaissances les plus indispensables à un pilote côtier de cette île.

Un soir, par un temps brumeux et menaçant, nous crûmes entendre un coup de canon venant du large. Un instant après, un second coup retentit plus distinctement : « C'est un bâtiment en danger ! nous écriâmes-nous tous les trois.—Allons, enfants, dis-je vivement, embarque le grand catimaron ! » Nous avions construit plusieurs de ces radeaux, et celui que nous appelions le grand catimaron était le meilleur et le plus solide de tous.

Nous arrivâmes bientôt sur les écueils, et alors nous aperçûmes, à deux milles au plus au large, un grand bâtiment qui se trouvait à peu près dans la même position que *le Cachalot* dix-huit mois auparavant.

Je le reconnus aussitôt à sa construction et à sa voilure : c'était une corvette française. « Allons, enfants, du courage ! nageons pour l'aborder.

— Mais, dit Joseph, si nous manquons l'abor-

dage, nous ne pourrons jamais rentrer dans notre
île, et nous sommes perdus.

— Mais ne vois-tu pas que si nous ne les abor-
dons pas, avant une demi-heure ils seront drossés
sur les brisants où *le Cachalot* a péri? et alors de
quoi et à quoi leur servirons-nous, tandis qu'en
les abordant, nous pouvons les sauver et nous sauver avec eux ?

— Vous avez raison, capitaine, s'écria Jean-
Marie; courage, et que Notre-Dame d'Auray nous
protége! »

Nous lançâmes aussitôt notre frêle embarcation
dans la direction du navire; mais, je l'avoue, l'entreprise était difficile et dangereuse. Les lames
couvraient à chaque instant notre radeau, d'ailleurs trop bas pour être aperçu du navire en
danger.

Enfin, après une demi-heure d'efforts inouïs,
nous n'étions plus qu'à quelques brasses de la corvette. Je criai de toutes mes forces : « Lancez une
amarre pour un pilote! » Aussitôt deux ou trois
cordes tombèrent autour de nous, et nous nous
efforçâmes de nous affaler dans le navire; malheureusement le catimaron, en heurtant le flanc du
bâtiment, frappa violemment le pauvre Joseph,
qui retomba dans les flots en poussant un cri : au

même instant, Jean-Marie et moi nous arrivions sur le pont. « Sauvez mon camarade, m'écriai-je; c'est un brave marin français!» Aussitôt une embarcation fut lancée à la mer, et, malgré la fureur des vagues, Joseph fut ramené sur le pont, mais sans connaissance; on se hâta de le transporter dans l'entre-pont pour lui donner des soins.

Pendant ce temps-là, le capitaine de la corvette s'approcha de moi, et me dit : « Vous êtes marin, à ce que je vois; je n'ai pas le temps de vous demander par quel hasard vous vous trouvez dans ces parages; vous voyez notre situation; pouvez-vous nous être utile?

— Mon commandant, lui répondis-je, si vous voulez me confier le pilotage de votre bâtiment, j'espère, avec l'aide de Dieu, vous tirer du danger.

— C'est bien, répondit-il; » et aussitôt il me confia la barre du gouvernail. . . . . . .

. . . .

« Permettez, mon brave Maulny, interrompit ici M. de Versac, c'est maintenant à moi de raconter à mes enfants le reste de votre histoire.

« Je revenais des îles Marquises sur la corvette *la Capricieuse* que je commandais, pour aller à Taïti où j'avais une mission à remplir. Arrivé à la hauteur de l'île Maulny (car j'ai voulu lui donner ce nom en place de celui d'île *Maudite* que Pierre lui avait donné), nous fûmes assaillis par des coups de vent épouvantables. La nuit qui approchait, le vent qui redoublait de violence et nous portait sur les écueils que nous apercevions à quelques milles de nous, nous faisaient redouter une catastrophe inévitable. Je n'entrerai pas dans de plus longs détails ; qu'il me suffise de vous dire que le sort du *Cachalot* nous était réservé, quand nous vîmes paraître sur notre bord un homme envoyé sans doute par la Providence pour nous sauver.

« Il vous a dit lui-même comment il était arrivé à mon bord, et comment je lui avais remis le commandement du navire. A peine eut-il pris la direction du bâtiment, que ses ordres fermes, précis, rapides, me firent comprendre que j'avais affaire à un homme du métier. Je pris confiance et je remerciai Dieu. Bientôt il exécuta une manœuvre hardie, qui nous rapprocha tellement des brisants, que l'effroi gagnait déjà une partie de l'équipage ; puis, dans cette position, il fit virer de bord, et nous contournâmes son île, qui paraissait comme un point noir au centre du cercle que nous décrivions. Enfin, après deux heures d'une marche pénible et que nous ne comprenions pas, il engage la corvette dans une passe étroite, et bientôt nous entrons

dans une eau calme, et nous jetons l'ancre dan s
une rade où nous sommes à l'abri de la mer et des
vents.

« Mes enfants, je ne pourrais pas vous exprimer
tout ce qu'il a fallu de sang-froid, de présence
d'esprit et de courage, pour diriger notre corvette
depuis l'instant où il est monté à bord jusqu'au
moment où il a jeté l'ancre dans la lagune. Il faudrait être marin pour le comprendre, et encore
faudrait-il connaître les localités.

« Nous restâmes plusieurs jours à nous reposer
à l'île Maulny et à réparer nos avaries. Le temps
s'étant remis au beau, notre pilote nous fit sortir
aussi adroitement de la passe qu'il nous y avait
fait entrer. Il est inutile d'ajouter que j'emmenais
avec moi Maulny et ses deux compagnons.

« Pendant notre relâche à Taïti, nous apprîmes
le rétablissement de l'Empire, et c'est aux fêtes qui
eurent lieu à cette occasion que je faisais allusion en
commençant.

« Huit mois après, nous arrivions dans le port de
Brest ; mon équipage était congédié, et moi je re-
nonçais à la vie active de marin pour remplir des
fonctions plus tranquilles. Mais, avant de partir
pour Paris, presque tous les marins de mon équipage, ayant à leur tête le brave Maulny, et accom-

pagnés de Jean-Marie et de Joseph, se rendaient
en pèlerinage à Notre-Dame d'Auray.

« Croyez-vous, mes enfants, d'après ce que vous
avez entendu, que Pierre Maulny n'a pas bien
mérité sa croix d'honneur? »

FIN

8*

TABLE

—

www.ingramcontent.com/pod-product-compliance
Lightning Source LLC
Chambersburg PA
CBHW070623100426
42744CB00006B/590